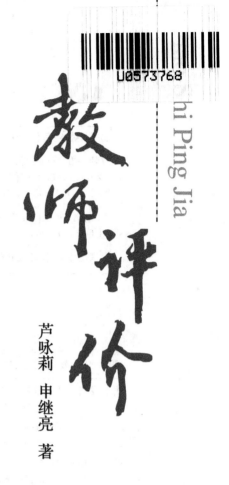

U0573768

hi Ping Jia

教师评价

芦咏莉　申继亮　著

北京师范大学出版集团
BEIJING NORMAL UNIVERSITY PUBLISHING GROUP
北京师范大学出版社

图书在版编目(CIP)数据

　　教师评价/芦咏莉，申继亮著. —北京：北京师范大学出版
社，2012.7(2022.1重印)
　　ISBN 978-7-303-14746-5

　　Ⅰ.①教⋯　Ⅱ.①芦⋯　②申⋯　Ⅲ.①教师评价
Ⅳ.①G451.1

　　中国版本图书馆 CIP 数据核字(2012)第 125307 号

营　销　中　心　电　话　　010-58802135　58802786
北师大出版社教师教育分社微信公众号　京师教师教育

出版发行：北京师范大学出版社　www.bnup.com
　　　　　北京市西城区新街口外大街 12-3 号
　　　　　邮政编码：100088
印　　刷：北京虎彩文化传播有限公司
经　　销：全国新华书店
开　　本：730 mm×980 mm　1/16
印　　张：12
字　　数：162 千字
版　　次：2012 年 7 月第 1 版
印　　次：2022 年 1 月第 4 次印刷
定　　价：25.00 元

策划编辑：栾学东　　　　　责任编辑：栾学东
美术编辑：高　霞　　　　　装帧设计：李　尘
责任校对：李　菡　　　　　责任印制：陈　涛

写在前面的话

　　百年大计在教育，教育大计在教师。这是早已达成的社会共识。教师评价既是教师管理的重要手段，也是促进教师专业成长的有效措施。然而令我们心痛的是，学校里对教师最常见的考核方法，就是根据教师所教班级学生学业成绩的表现进行评判。表面上，这种做法看似公正客观，但细琢磨之下，就会发现颇为欠妥。有道是，有教无类。所以，当教师"不幸"遇到一些特别的孩子，或者发育迟缓，或者调皮捣乱，或者家庭失和，或者被某些身心疾病困扰的时候，他们可能要花费更长的时间、更多的精力进行教育教学，但往往收效甚微。如果仅仅按照学生学业成绩进行评价，不只是这些普通的教师，恐怕是特级教师也难以合格。但事实上，这些教师的付出、面临的教育挑战、习得的教育智慧，未必少，甚至更多、更大。

　　过去一些年，无论是研究的需要，还是教学的需要，我们接触了大量的中小学校长和教师。我们感到，校长需要准确、客观、全面地评价教师，以加强教师队伍的管理，促进教师队伍的专业成长；教师需要准确、客观、全面地评价自己，以有利于正确认识、科学定位或诊断，规划好自己的职业生涯发展。当然，评价也是学校、教师展示自我的一种有效路径。再说，无论是上级领导，还是普通百姓，同样需要对教师的工作状况、专业素质有所了解，从而进行有效监督，并提供有针对性的发展平台或条件。带着这样丰富的感受，以及社会的迫切需求，过去这些年我们开始关注教师评价的问题。

众所周知，对客观物体的评价、测量易于操作，也能得到清晰客观的结果。但对于人的行为、素质进行评价，就不一样了。首先是不易量化，难以像测量物体的大小、重量、密度等那样给出客观数据，评价结果也往往带有一定的主观性。正因为如此，评价结果的可应用性也会受到局限。其次是不能去情境化。也就是说，人的行为表现总是与特定的场景紧密关联。场景不同，其行为表现就可能会发生改变。因此关于人的行为、素质评价，不易得出具有普适性的结论。最后是人的行为、素质评价工作需要个性化。人与人之间有共性的地方，但谈到素质，谈到行为风格，个性特点就更为重要。正是因为上述这些原因和特点，教师评价的研究注定是复杂的。

心理学和教育学有着紧密的联系，但又有所不同。心理学从哲学中分离出来的直接推动力是引入了自然科学研究方法，强调实证，强调量化。受所学学科特点的影响，从一开始研究教师评价这一问题的时候，我们就选择了实证研究的道路，不仅要言之有物，还要言之可行。于是在提出每一个概念、给出每一种模型的时候，前因变量—结果变量—中间变量、操作定义、测量工具、量化分析等，这些实证研究的方法就会出现，将这些抽象的概念一次次操作化、实证化。循着这一原则，我们一步步走到现在，试图在构建出理论模型的同时，解决以往教师评价难以量化、难以操作的问题。因此，本书中提出的每一个概念、每一个理论构想都经过了实证研究的检验。

与此同时，长年关于教师专业素质结构的思考，使我们较好地把握了教师评价中的核心问题，并提炼出其中关键的共性成分，作为解决去情境化的重要措施，使得本书中研制出的评价工具或手段能摆脱对情境的依赖，较好地反映出教师行为、教师素质的本质问题。同样，长年关于教师专业素质培养的研究，使我们充分认识到个性化在教师专业发展中的重要性。因为它不仅体现出教学方法的千变万化、教育教学无穷魅力的艺术性，更体现了对教师个人价值、个性特色的尊重，最大化地保护了教师自主发展的动力。因此，本书中无论是教师评价的金字塔模型、开展教师评价的组织模型，还是具体的评价方法、评价工具，都对此问题有所关注和兼顾。

　　总之，一步步艰辛走来，集合了我们各自多年的研究实践和经验，撰写出今天这本《教师评价》，与大家分享，期望能对祖国教育事业的发展，对中小学及其教师的健康发展和有效能的专业成长，贡献一点微薄之力。

芦咏莉　申继亮

2012 年 3 月

目　录

第一章
教师评价概述

第一节　教师评价的含义与类型

一、教师评价的含义

(一)评价

评价在我们的生活中无处不在，如评价某个同事的穿着打扮，评价一个好友的厨艺水平，评价某个学生的艺术作品，评价新手教师的课堂教学，评价一个国家的经济状况等。可以说，我们每个人总是自觉不自觉地参与评价活动或者处在被评价的位置，无处不在使用着"评价"一词。

那么，何谓评价？在汉语中，评价是评定价值高低的意思①。陶西平主编的《教育评价词典》中将评价定义为"对人或事物的价值作出判断，依据一定的价值标准，通过系统地收集资料，对评价对象的质量、水平、效益及其社会意义进行价值判断的过程"②。在英语中，

① 中国社会科学院语言研究所词典编辑室．现代汉语词典．北京：商务印书馆，2006，1055．

② 陶西平．教育评价词典．北京：北京师范大学出版社，1998，55．

评价(evaluation)一词是从 value(价值)一词发展而来的，在词源上意为引出和阐发价值。评价之父泰勒(Tyler)提出"评价是一种确定行为发生实际变化程度的过程"[1]。美国学者格朗兰德(Gronlund)提出，评价＝测量(量化研究)或非测量(质性分析)＋价值判断[2]。在此基础上，美国评价标准委员会给出了简单的定义，它指出评价是对某些对象的价值和优缺点的系统调查和评估[3]。

综合上述观点，广义来讲，评价是主体对客体价值的判断。主体是人或者社会组织，是实践者和认识者。客体是主体以外以及在一定条件下包括主体在内的一切客观事物，它既可以是人也可以是物。价值是一个哲学概念，按照马克思主义的观点，它反映了主体与客体之间的关系，是客体对主体需要的满足。"它是现实的人同满足其某种需要的客体的属性之间的一种关系"[4]。主体、客体和价值构成了评价的三个要素，它们之间相互联系。只有当主体具有某种需要，而同时客体本身也具有满足主体需要的价值属性时，才能体现出价值。对于评价主体来说，总是依据自身的价值取向对有关的目标、过程、方法及结果进行评价和判断，从而决定取舍。被认为有用途、起积极作用的就是有价值的，因而面对同一个评价客体，不同的评价主体可能会做出不同的、甚至是截然相反的"价值判断"。

(二)教育评价

关于教育评价，目前国内外并没有统一的定义。归纳而言，主要有以下几种观点：一种观点关注结果，强调通过评价判断教育目标的

---

① Tyler, R. W. *Basic principles of curriculum and instruction*. Chicago：University of Chicago, 1949, 105—106.

② Gronlund, N. E. *Measurement and evaluation in teaching*. New York：The Macmillan Company, 1971, 25.

③ 赵玉英. 中小学教育评价中的伦理学问题思考. 教育管理与评价, 2005, 10, 66—68.

④ 中国大百科全书·哲学卷. 北京：中国大百科全书出版社, 1987, 345.

达成程度。如首次提出并正式使用教育评价的泰勒，他参与了进步主义教育协会(Progressive Education Association，PEA)主持的"八年研究"(1933—1941)，构建了教育评价的理论与方法。他在报告中指出，"教育评价就是衡量实际活动达到教育目标的程度"①。台湾学者李聪明将教育评价定义为，利用所有可能的评价技术评量教育所期望的一切效果②。这些都是早期对教育评价的解释。目前，这些观点也被广泛应用，如陈玉琨认为③，教育评价是对教育活动满足社会与个体需要的程度做出判断的过程，是对教育活动现实的或潜在的价值做出判断，以期达到教育价值增值的过程。另一种观点关注评价的价值，强调利用收集的信息为教育决策服务。克隆巴赫(Cronbach)在1963年发表的《通过评价改进课程》的论文中指出，教育评价是通过收集和使用信息以对某个教育项目进行决策的过程④。斯塔弗尔比姆(Stufflebeam)和克隆巴赫的观点较为一致，认为教育评价不应该只局限于教育目标是否达到，而更应该有利于我们执行和改进方案。他认为，教育评价是为决策提供有用信息的过程⑤。另外，还有的学者关注评价方法和手段。我国学者将教育评价看做是一种新的教育成绩的考查方法⑥。布卢姆(Bloom)认为教育评价是一种获取和处理用以确定学生水平和教学有效性证据的方法，是简述教育的终极目标与教学目标的一种辅助手段，是教育研究与实践中的一种工具，是一种反馈—矫正系统⑦。

　　教育评价的不同含义，反映了不同学者对评价主体和客体、评价

---

　　① Tyler, W. R. *General statement on evaluation*. Journal of Educational Research，1942，35(7)，492—501.

　　② 李聪明. 教育评价的理论与方法. 台北：台湾幼狮书店，1961.

　　③ 陈玉琨. 教育评价学. 北京：人民教育出版社，1999.

　　④ 瞿葆奎，陈玉琨，赵永年. 教育学文集·教育评价. 北京：人民教育出版社，1989，82.

　　⑤ 瞿葆奎，陈玉琨，赵永年. 教育学文集·教育评价. 北京：人民教育出版社，1989，301.

　　⑥ 王景英. 教育评价学. 长春：东北师范大学出版社，2005.

　　⑦ 教育大辞典增订合编本(上). 上海：上海教育出版社，1997，767.

手段、评价目的的不同认识。归纳而言，教育评价是指在系统地、科学地和全面地搜集、整理、处理和分析教育信息的基础上，对教育的价值做出判断，目的在于促进教育改革，提高教育质量①。它包括教育评价的对象、本质、手段和目的四个方面。

(三)教师评价

教师评价是教育评价的一个重要部分。不同研究者对教育评价理解的多样性也造成了教师评价含义的不统一。有人认为，教师评价是对教师工作现实的或潜在的价值做出判断的活动，它的目的是促进教师的专业发展与提高教学效能②；也有人认为，教师评价是指根据教育方针、政策、法规和学校培养目标、要求，运用教育评价的理论、技术和方法，对教师的素质、工作过程及工作绩效进行全面、客观、公正的价值判断活动③；还有人认为，教师评价是依据学校的培养目标和人民教师的根本任务，运用现代教育评价理论和方法对教师个人的工作质量进行价值判断④。

总体而言，关于教师评价比较一致的看法是，教师评价是一个价值判断的过程，并为实现一定的目的而进行。但在评价内容即评价客体上，不同研究者的看法是不一致的。我国学者蔡永红等⑤从信息收集方式的角度，将教师评价分为教师胜任力评价、教师绩效评价和教师有效性评价三类。其中教师胜任力评价回答教师"知道什么"的问题，教师绩效评价回答教师"做了什么"的问题，而教师有效性评价回答教师"表现如何"的问题。上述分类基本上涵盖了教师评价的具体内

① 金娣，王钢.教育评价与测量.北京：教育科学出版社，2007.
② 周浩波.教育哲学.北京：人民教育出版社，2001.
③ 王景英.教育评价学.长春：东北师范大学出版社，2005.
④ 王汉澜.教育评价学.郑州：河南大学出版社，2000.
⑤ 蔡永红，黄天元.教师评价研究的缘起、问题及发展趋势.北京师范大学学报(社会科学版)，2003，1，130—136.

容。在此基础上，我们认为教师评价是教育主管部门，或学校及教师自行组织的，以教育评价理论为指导，以教师评价制度为依据，确定相应的评价标准，运用某种具体的方法收集处理评价信息，对教师的素质、工作过程、工作效果进行价值判断的过程。

二、教师评价的基本类型

教师评价属于教育评价的范畴，教育评价的多样化决定了教师评价是一项内容多、层次多、涉及广泛的评价活动。根据不同标准，教师评价分为不同的类型。

(一)按照评价目的分

根据评价目的不同，可以分为奖惩性教师评价和发展性教师评价，这是最常见的教师评价分类。

奖惩性教师评价　也称为"绩效管理型教师评价""行政管理型教师评价"和"责任模式"(accountability model)。它形成、发展和盛行于20世纪初到20世纪80年代中期。奖惩性教师评价以加强教师绩效管理为目的，依据评价结果对教师解聘、晋级、增加奖金等[1]。奖惩性教师评价主要面向教师过去的工作进行，重视结果，是终结性评价。该评价遵循责任原则、竞争原则、激励原则、奖惩原则和公平原则[2]，具有可操作性、可行性的特点，功能在于教师的甄别和选拔。然而，这种评价与奖惩、晋升等挂钩，在一定程度上加大了教师的恐慌心理，容易引起教师的焦虑甚至恐惧。也可能由于缺乏沟通，导致评价对象对评价结果的不满、反感或抵触。

发展性教师评价　也称为"专业发展性教师评价"或者"专业发展

---

[1]　Evans, A., & Tomlinson. *Teacher appraisal: A nationwide approach*. London: Jessica Kingsley Publishers, 1989.

[2]　王斌华. 教师评价：绩效管理与专业发展. 上海：上海教育出版社，2005.

模式"(professional development model)。它始于20世纪80年代中期，于20世纪90年代中期介绍到国内①。发展性教师评价以促进教师专业的可持续发展为核心目的，它在对教师过去的工作业绩进行考核、评定、鉴定的同时，要为教师提供关于教育教学的信息反馈，帮助教师反思和总结自身的不足，帮助教师确定未来的专业发展需求，制定未来的发展目标②。这种评价方式在关注结果的同时，更重视教师教学工作的过程，是形成性评价。发展性教师评价将教师看做学校的主体、第一要素，没有教师的专业发展，学校的发展就难以保证。发展性教师评价不仅注重教师个人的工作表现，更加重视教师和学生的未来发展，因此，它是着眼现在、面向未来的一种评价方式。发展性教师评价遵循发展性原则、诊断性原则、反馈性原则、民主性原则和科学性原则③。发展性教师评价有助于教师专业的发展、提升，是促进研究型教师成长与发展的重要途径④。它的缺点在于比较温和与宽容，削弱了教师的危机意识和竞争意识，缺乏激励和监督功能。

(二)按照评价主体分

按照评价主体的不同，分为自我评价与他人评价，根据评价他人的不同，他人评价又可以分为自上而下的评价、自下而上的评价及同行或同事的评价⑤。

自我评价　是教师本人为评价主体，根据一定的评价标准，运用教育评价的理论、方法和技术，对自身的素质、工作过程及效果等工作表现进行价值判断。这种评价方式鼓励教师以主人翁的意识积极参与整个评价过程，有助于提高教师的教学能力和教学反思能力，促进

---

① 王斌华. 发展性教师评价制度. 上海：华东师范大学出版社，1998.
② 杜荣建. 基于专业发展的中小学教师评价研究. 南京师范大学硕士学位论文，2008.
③ 王斌华. 教师评价：绩效管理与专业发展. 上海：上海教育出版社，2005.
④ 宋广文. 教师教育发展研究. 济南：山东人民出版社，2004.
⑤ 同①。

教师的自我反思、自我激励和自我发展。然而，这种评价方式需要对教师进行自我评价技能的培训，评价时要求教师做到开诚布公、胸襟坦白。它的缺点在于主观性强，不利于教师之间的横向比较。

他人评价　是由教师本人以外的他人做评价主体，依据一定的评价标准，运用教育评价的理论、方法和技术，对教师的素质、工作过程及效果等方面进行的价值判断。由校长等上级领导担任评价主体的评价称为自上而下的评价。上级领导能顾全大局，协调关系，具有一定的权威性。但是这种评价方式的评价对象与评价主体之间缺少双向交流，一般都是单向的，并且由于上级领导对教师的工作体验不够充分，导致评价不够细致和具体。由学生担任评价主体的评价方式称为自下而上的评价。学生是教育产品的消费者和教育效果的直接感受者，他们是教师整个教育过程的主体，因此，学生对于教师评价最有发言权。这种评价方式需要和谐的师生关系，设计科学的学生评价表，防止"晕轮效应"等心理现象导致的评价偏差。由同行或者同事担任评价者称为同行或同事评价。这是一种民主的评价制度，同行作为专业人员，他们对彼此的职业特点有深入的了解，因此他们的评价对于教师改进教学具有实际的意义，并且有利于促进彼此的相互学习，共同进步。这种评价方式要防止情感关系引起的偏差。

此外，由家长担任评价主体的家长评价也是一种逐渐被采纳的评价方式。

(三)按照评价方法分

根据评价的方法可以将教师评价分为定量评价和定性评价。

定量评价　指运用一定的数学方法或者数学模型，对收集到的相关数据进行分析和处理，从而做出定量结论的评价方式。如在教师评价时，运用心理测量、教育统计和模糊数学的方法。这种方法能够获得相对客观、精确的数据，有利于不同教师之间的比较，但是由于结果过于抽象概括，不利于对教师评价中出现的问题进行深层次的分析，难以对教师评价提出针对性的有效建议。

定性评价　指通过开放的形式获取各种信息，运用定性的方法进行价值判断。如教师评价常见的观察法、录像分析法、教师日志、教师档案袋等方法。由于教师的教学活动相当复杂，具有很大的模糊性，存在很多难以量化的因素，因此，定性分析方法必不可少。这种评价方法有利于了解教师的整体状况，对教师的教学活动进行全面深入的分析，但是由于主观性比较强，不利于不同教师之间的比较。

不容置疑，在教师评价时，我们倡导定量评价和定性评价相结合，从定性到定量，再从定量到定性，从而更加有效地发挥教师评价的功能和作用。

第二节　教师评价的发展

一、美国教师评价的源起与发展

美国的教师评价可以追溯到殖民地时期，当时就有社会团体定期到学校听取学生的诵读情况，确认教师的课堂管理是否适当[1]。在19世纪，管理当局开始重视公众的这种需求，对评价也更为关心，在学校里任命专业的领导或全职管理人员对教师进行评价。但当时的评价并没有规范的程序而是以非正式的形式出现的[2]。到1925年时，全美主要大城市中的学校开始进行"各种各样的教师效能评估"。到

---

[1] Tracy, S. J., & MacNaughton, R. *Assisting and assessing educational personnel: The impact of clinical supervision*. Boston: Allyn and Bacon, 1993.

[2] Blumberg, A., & Greenfield, W. *The effective principal: Perspectives on school leadership*. Boston: Allyn and Bacon, 1980.

20 世纪 70 年代的时候，几乎所有的公立学校都有较为规范的教师评价程序[①]。

　　20 世纪 70 年代以前的教师评价是非常简单的[②]。校长直接对教师的绩效做出判断，并且决定教师的去留问题，在这个过程中并不会向教师提供改善教学实践的任何反馈。很显然，这种方式是教师对评价不满的一个主要原因[③]。在 20 世纪 70 年代初，有研究者提出了一种对教师成长更有意义的评价方式，而教师在这种评价方式中可以作为评价实施者与被评价者双重身份出现。这些要求改革的倡导性建议，实质上是基于这样一种假设，即"教师对评价的卷入程度越深，就越有可能对教师评价有积极的看法，就更少感到评价固有的威胁性"。一般认为，教师参与评价可以更好地促进教师发展与提升自身的教学技能。教师自然支持这种观点。当时全美教育协会（National Education Association，NEA）进行了一项调查，结果发现绝大多数教师（93％）都欢迎以提升教师绩效为目的的教师评价。

　　在 20 世纪 90 年代中期，一项对 1000 名教师进行调查的结果发现，大多数学校已经开始重视影响教师成长的教师评价方式。教师也认为，当时盛行的教师绩效评价更有利于实现自己成长的目标。这项调查的结果还发现，有 91％的教师认为评价可以引导教师技能的提升，有 81％的教师认为评价可以增强教学专长，有 79％的教师认为评价可以帮助教师更好地关注学生学习的结果，有 67％的教师认为评价有助于安排教师在职的培训活动。尽管从整体上看，当时的教师评价受到大多数教师的欢迎，但也有近一半左右的教师认为在某种程度上学校采用的教师评价过程还是过于简单化。有 45％的教师谈到

---

　　① Shinkfield，A. J.，& Stufflebeam，D. *Teacher evaluation：Guide to effective practice.* Boston：Kluwer Academic，1995.

　　② Stonge，J. H.，& Tucker，P. D. *Handbook on teacher evaluation-assessing and improving performance.* NY：Larchmont，2003.

　　③ 同①。

了不能胜任的教师就会直接遭到解雇；有 78% 的教师指出，解雇教师是学校进行教师评价的一个重要目标。

进入 21 世纪以来，教师评价的核心内容主要体现在两个方面，一方面是公众对教师的问责，另一方面是教师对提高职业水平的发展需求。前者倡导教师评价的绩效标准并且对学生的学业成就进行具体量化的测验；而后者则强调教师评价为提高教师的教学决策质量提供支持，强调具体的情境因素而往往否定具体的标准。为了强调标准与职业主义的双重需要，全国教学专业标准委员会（National Board of Professional Teaching Standards，NBPTS）尝试努力调和这两个对立的目标。委员会认识到"教学是教育的核心，国家能够促进学校发展的最重要的行动是增强教学"[①]。这样，在国家、州与学区等各个层面上都采取了一系列增强教学、促进学校发展的策略，从而出现了国家（NBPTS）与地方（州与地方学区）多种水平的教师评价系统。

二、英国教师评价的源起与发展

英国在 20 世纪 70 年代以前，教师联合会出于自律的需求制定了教师评价的各种措施与奖惩标准，目的在于体现公正、公平的原则[②]。但从总体上来说，此前的教师评价属于自发性的评价，并无系统性可言。1973 年，英国出现了经济危机并持续了近三年时间，政府公共事业经费开支缩减。公众认为教育支出一直以来过于偏大，因而向政府施压，要求对教师工作进行详细核查与评价。当时的首相詹姆斯·卡拉汗（James Callaghan）在拉斯金（Ruskin）学院演讲时，号召教师应对课程与公众负责，这可以看成是英国正式开始教师评价的第

---

① National Board for Professional Teaching Standards. *Toward high and rigorous standards for the teaching profession*. Detroit. MI：Author，1990.

② Bartlett，S. *Teacher perceptions of the purposes of staff appraisal：A response to kyriacou*. Teacher Development，1998，2(3)，479—490.

一步①。此后，在英国的许多地方，教育主管部门与学校都开始开发自己独特的教师评价体系。由于经费的原因，英国在当时实行了自上而下的奖惩性教师评价制度②。这种方法虽然在一定程度上满足了公众的要求，却不仅难以调动教师的积极性，还挫伤了教师的感情。

在 20 世纪 80 年代，英国政府先后发布了《教学质量》(1983)和《把学校办得更好》(1985)等白皮书，强调通过提高教师的"绩效"来提高学校教育的质量，并通过教师评价过程来解聘"不合格"教师。但是这样的做法显然没有得到广大教师的支持，反而激起了教师们的反对意见。为了使评价更为慎重，在国家正式实施教师评价前，英国政府在某些地方开始进行试点研究。1986 年，英国政府又颁布教育法案，从法律上结束了英国教师评价的自发状态，国家开始正式参与学校的教育评价。由于英国的教师评价目的之一在于缩减经费，因此，其教师评价的经费来源将由实施教师评价的主体自行开支。1985 年英国皇家督学团发表了《学校质量：评价与评估》，明确提出教师评价应当与奖惩制度相分离，这就表明国家早先实施的教师评价由于过度强调了奖惩性而得不到教师的支持，现在开始重视教师的发展性评价。促进教师的专业发展，从而促进学校的发展，这种发展性的教师评价体系在大多数教师中间产生了共鸣。在一项调查研究中发现，许多教师认为参加发展性教师评价是一种享受③。然而由于教师发展性评价需要一定的投资力度，评价者与评价对象都需要接受一定的专门培训，实施的难度相当大，而且过度强调发展性评价，导致评价的标准过于模糊、操作困难而陷入困境。

1991 年，议会通过了教师评价的教育规定。到 90 年代后期，政

---

① Evans, A. , & Tomlinson, J. *Teacher appraisal: A nationwide approach*. London: Jessica Kinsley Publishers, 1989.

② Bartlett, S. *The development of teacher appraisal: A recent history*. British Journal of Educational Studies, 2000, 48(1), 24—37.

③ 王斌华. 发展性教师评价制度. 上海：华东师范大学出版社, 1998.

府对教师评价的标准进一步提高，并结合了绩效评价。1998 年，英国政府提出了教师绩效与薪金挂钩的教师评价国家标准。这项政策的提出事实上是对 80 年代教师评价制度的修正，而并非一个新的概念。其功能在于：一是按照量化指标决定教师的薪水；二是促进教师个人职业的发展①。绩效与薪金挂钩的政策体系包括四种类型的教师评价：校长体系、两种有区别的教师体系、学校奖励体系。这项政策体系要求对教学一线教师实行年度绩效评价，将个人绩效作为就职、升迁的依据，主要评估教师教学的绩效，重点是教师工作的整体质量对学生的影响。评价标准源于"有效教学"理论的研究。绩效指标的等级决定了薪金的等级。教师通过良好的表现，用可信的证据（指标数据）证实自己的教学是"有效教学"，可以获得更高的薪金②。2001 年，英国政府又再次修订了《教育（学校教师评价）条例》，实施新的教师绩效管理，并在英格兰地区公立中小学迅速推广开来。该制度的核心是通过建立教师评价的法律化、制度化和规范化的架构，为教师提供各种必要的支持和帮助，改进教师的教学能力和水平，进而提高学校办学效率与水平，最终提高学生学业成就。这一评价体系实际上仍然是在发展性教师评价和奖惩性教师评价之间寻找平衡点，它克服了发展性评价制度和奖惩性评价制度各自的弊端，对两种基本评价制度进行了有机的整合。同时，它又是对教师绩效与薪金挂钩的政策评价体系的进一步完善③。

自从 20 世纪 80 年代以来，英国政府对基础教育教师评价制度不断进行改革，并取得了令人瞩目的成就。从表面上看，英国的教师评价从早期的奖惩性教师评价发展到发展性教师评价，在 90 年代后期

---

① Culter, T., & Waine, B. *Mutual benefits or managerial control？The Role of appraisal in performance related pay for teachers*. British Journal of Educational Studies, 2000, 48(2), 170—182.

② 申卫. 英国教师评价制度的启示. 现代中小学教育, 2005, 9, 63—66.

③ 徐捷. 英国教师评价制度的改革及启示. 桂林师范高等专科学校学报, 2007, 3, 81—84.

又似乎回到了奖惩性的教师评价，但教师绩效与薪金挂钩的政策绝不是对奖惩性评价的简单重复，这种变化历程体现了从某一单一的评价取向走向两种评价的融合。英国教师评价的主要特点是融合了多种评价模式的优势，而且还从国家层面上推行教师评价，以保证教育质量的提高。以教师绩效与薪金挂钩体系为例，这一计划的技术基础是现代人际关系原理，认为评价是人们了解自己、帮助自我及组织发展的途径。评价个人绩效的同时也在鼓励教师发展自己的职业；常规的评价活动又为教师提供了一个与校方管理者"专业地"讨论教师工作与职业发展的适宜机遇；要求全体教师的参评无形中促进了教师整体水平的提高；强调教师的参与性说明评价者并不总是处于决定地位；另外，教师评价还强调要创造参与性的气氛，使用定性与定量相结合的方法①。

三、我国教师评价的源起与发展

在我国，教师评价的历史和学校一样久远，因为有了学校，才有了专门从事教育活动的知识分子——教师。我国的学校最早源于夏朝，在封建社会，随着封建专制的发展，统治阶级越来越重视对教师的考核与奖惩。隋唐之前，没有正式的学制，由封建帝王和朝廷重臣亲自考核教师；隋唐之后，随着正式的教育行政组织机构的建立和教育行政官员的设置，对教师的考核逐渐严格，并向制度化发展。如唐朝曾把工作量作为考核教师的标准，明朝采用考满和考察的方式对教师进行褒奖、提升、惩罚和淘汰②。1903 年，清廷颁布的《奏定学堂章程》对我国近代教育产生了重大影响。《奏定学堂章程》共计 22 件，

---

① 王小飞.英国教师评价制度的新进展——兼 PRP 体系计划述评.比较教育研究，2002，23(2)，43—47.

② 程斯辉.我国封建社会的教师管理.高等教育研究，1991，1，90—95.

其中《任用教员章程》规定了各级各类学堂中教员的资格水平①。进入民国，对教育的重视提到前所未有的程度，对教师资格考核也有非常严格的制度，对教师实行二重审定原则②。一是学历审定，如《大学教员资格条例》规定助教必须为国内外大学硕士毕业；二是教学能力审定。中小学皆按地区成立相应的教员鉴定委员会，大学设学术评议会和各校教授会，负责对通过学历审定后的申请者进行实际能力考核，考核后向社会公布，接受社会监督，以示公允。合格者授予许可状，不合格者不得授予许可状③。总体来讲，这一时期主要关注教师的聘任和任职资格，而对于教师的评价则完全是自发的、不成体系的。

新中国成立初期我国教师评价开始萌芽，直到 20 世纪 80 年代中期才有了比较正式的教师评价。这一时期，我国中小学教师队伍中学历不达标的教师比重相对较大。比如：1953 年，学历不达标的小学教师达到 86.5%，中学教师为 43.9%；1978 年，学历不达标的中小学教师比例分别为 52.9% 和 81.8%④。这一时期的教师评价主要是考核教师学历是否合格，教学基本技能是否达标，评价目的是为了教师的聘任或任命，以及表扬、奖励和晋升，进一步整顿教师队伍，确保教师能够胜任教学工作，奖惩性教师评价占主导地位。十一届三中全会以后，国家各项事业蓬勃发展，教育行政部门也实行了一系列举措促进教师队伍的发展。一方面，通过教育学院、教师培训结构及高等师范院校对中小学教师进行培训，开展学历补偿教育，提升了中小学教师学历合格率；另一方面，恢复了"文革"时期中断的高等教育教师职称评审制度，并逐步开展评选优秀老师和实施教师考核⑤。1978 年

① 王蕊．清末之《奏定学堂章程》．中国政法大学硕士学位论文，2001.

② 李华兴．民国教育史．上海：上海教育出版社，1997.

③ 刘海涛，秦霞．民国时期教师职业探析．辽宁教育行政学院学报，2005，22(12)，10—12.

④ 林荣芹．中小学教师学历问题研究．教育科学研究，1985，3，47—51.

⑤ 杨传昌，蒋金魁．我国中小学教师评价制度研究综述．教育探索，2009，3，59—60.

11 月，教育部颁布了《高等学校教师职责及考核的现行规定》，明确了各级教师的职责，提出对教师进行每年或者每学期一次的定期考核，考核主要由学校的教务处等部门负责，根据考核的指标对教师进行表扬、奖励、批评教育、晋升和罢免。1981 年 4 月，教育部颁布了《关于试行高等学校教师工作量制度的通知》，提出以工作量为核心指标，采用一种客观的计算公式对教师进行评价，试图打破高等教育中"大锅饭"的局面。高等教育实施的教师评价在一定程度上也促进和带动了中小学教师评价工作的进展。1983 年 8 月，教育部颁布了《关于中小学教师队伍调整整顿和加强管理的意见》，指出从政治思想表现和工作态度、教学业务能力和教学效果、文化程度三个方面对每个教师进行全面考核，作为培训提高和教师调整的依据。1985 年 5 月，《中共中央关于教育体制改革的决定》指出，必须对现有的教师进行认真考核和培训，要争取在 5 年或者在更长时间内使绝大多数教师能够胜任教学工作。为了贯彻中央的决定，1986 年 9 月，原国家教委颁布了《中、小学教师考核合格证书试行办法》，初步建立了我国教师资格证制度。考核证书设置《教材教法考试合格证书》和《专业考试合格证书》。尽管对教师有了一定的考核制度，但是中小学教师的职务仍不健全，尚没有专门的名称。随后，1986 年，原国家教委又颁布了《小学教师职务例行条例》和《中学教师职务例行条例》，教师资格评价制度在全国全面实施。条例中明确提出要从政治思想、文化专业知识水平、教育教学能力、工作成绩和履行职责等方面对中小学教师进行评审。

20 世纪 90 年代以后，我国教师评价进一步发展，奖惩性评价模式的弊端也日趋明显，研究者和管理者逐渐将发展性评价模式引入教师评价体系，更加重视将评价和教师的自我发展相结合，采用多主体、多角度的评价方式。1993 年 10 月，我国颁布了《中华人民共和国教师法》（以下简称《教师法》），明确了教师的权利和义务，并提出国家实行教师资格制度，从政治思想、业务水平、工作态度和工作成就四个方面对教师的绩效进行考核，考核是教师受聘任教、晋升工资和实施奖惩的依据。为贯彻执行《教师法》，1995 年 12 月，国务院颁布了《教师资格条例》，这标志着我国教师资格证制度正式确立。随后，又颁布了具体的实施办法，对教师资格制度进行修改和完善，明确提出了申请认定教师资格者的教育教学能力的条件。1998 年，原国家教委颁布了《教师和教育工作者奖励规定》，将教师评价和奖惩直接挂钩。与此同时，国内学者开始研究教师评价问题，介绍发达国家的教师评价理论、制度，如王斌华①出版了《发展性教师评价制度》一书，将英国的发展性教师评价制度介绍到国内，提出发展性教师评价在理论和实践上有利于克服奖惩性教师评价的弊端，在促进教师专业发展和提高教育质量中发挥重要作用。多元教师评价和发展性教师评价逐步为广大学者和教育管理者所重视。2001 年 5 月，《国务院关于基础教育改革与发展的决定》提出，建设一支高素质的教师队伍是扎实推进素质教育的关键，要建立激励机制，健全和完善考核制度，辞退不能履行职责的教师。随后，教育部颁布了《基础教育课程改革纲要（试行）》，提出建立促进教师不断提高的评价体系，强调教师对自己教学行为的分析与反思，建立以教师自评为主，校长、教师、学生和家长共同参与的评价制度，使教师从多种渠道获得信息，不断提高教学水平。2002 年 12 月，教育部又印发了《关于积极推进中小学评价与考试制度改革的通知》，进一步明确了建立教师自评为主，学校领导、同事、家长和学生共同参与的教师评价制度，并且不得将学生的成绩作为教师评价的唯一标准，未经教育行政部门批准，任何社会团体、民间学术机构组织的教学评比结果不得作为教师晋升、提级、评优等的依据。这标志着发展性教师评价模式及多元评价方式在我国逐步开始实施。

---

① 王斌华. 发展性教师评价制度. 上海：华东师范大学出版社，1998.

四、当前教师评价存在的问题

改革开放以来，随着我国教育事业的快速发展，教师评价的理论与制度不断得到完善。然而，由于教师评价工作的复杂性，教育发展对教师提出的新挑战，现行教师评价在具体实施过程中仍存在这样或那样的问题有待解决。

(一)从评价类型看，注重奖惩性评价，欠缺发展性评价

奖惩性评价和发展性评价是教师评价的两种主要类型，前者为教育管理者对教师做出聘任、降级、晋级、加薪、奖惩等决策提供有说服力的依据，后者为教师的专业发展提供有效的指导。相对而言，教师发展性评价在我国起步较晚，我国现行教师队伍管理的理念和方法与之还不适应，目前奖惩性评价仍占主导地位。这种现象主要表现在以下几个方面：第一，学校开展教师评价的目的主要是为了教师的任职、奖惩和晋级。调查还发现[1]，绝大多数教师也认可评价与奖惩挂钩。第二，学校开展教师评价注重绩效，忽视过程。多数学校在对教师进行考核评价时关注教师所教学生的合格率、优秀率、平均分，以及在什么级别刊物上发表多少论文、获得什么奖项等。对教师的调查发现[2]，近半数教师反映学校主要是根据学生的成绩对教师进行评价。对校长的调查发现[3]，67.4％的校长选择以学生成绩对教师进行评价。教师的成长过程是不断实践、不断反思和不断总结经验的过程，每位教师需要在专业成长过程中不断发现问题，确立适宜于自己的目标，在追求和实现自己专业发展目标中成长。学校开展的评价要

---

① 廖其发. 我国新时期教师评价的制度化历程、现存问题与对策研究. 西南师范大学硕士学位论文，2004.

② 同①。

③ 张红霞. 走向发展的教师评价. 河南师范大学硕士学位论文，2006.

能够为每位教师提供个性化的反馈意见和建议，指出他们的优点和不足，帮助教师确立适宜的发展目标。这就要求学校不仅要开展个别化的评价，还要注重在教师专业成长过程中进行评价。目前多数学校是采用终结性评价，一般只在学期末或学年末进行。我们的调查发现，75%的学校只在每学期末开展一次评价，25%的学校在学年末开展一次评价。这种终结性评价无法满足教师专业发展的个体需要。第三，学校开展教师评价注重标准的统一性，忽视教师的个性差异。现行的教师评价并没有区别对待年龄、职称、教学经历等不同的教师，往往用统一的标准衡量所有教师，特别是对新手教师和专家教师用同样的标准要求，忽视了教师的个体差异和教师专业发展的阶段性。尽管奖惩性评价在短时间内可以通过一定的奖励达到激励教师的作用，但过于强调无差别的统一要求不利于教师个体的专业发展，甚至会消极地引导教师一味追求成绩，以牺牲学生健康发展为代价去谋求个人利益。

(二)从评价主体看，重视他人评价，忽视教师自主评价

一般来讲，在教师评价的话语世界里，大体存在三种话语系统。第一种是由行政管理者发出的权势性评价话语，这类话语从管理、控制的目的出发，着眼于对教师进行资格鉴定和业绩评定，目的在于为教师队伍管理提供客观化、标准化的材料，传达的是社会、学校对于教师的基本规定和要求，体现的是一种自上而下的社会性权力。第二种是由专家学者制造的各种学术话语，它以实证的方法、科学的范式，从不同的研究假设出发，力图对教师工作价值进行全面的规定、解释和说明，传达的是一种理性的"逻辑的权力"。第三种是教师自己所发出的个人话语，它以整体主义的和践行的方式传达在具体的组织情境下个人生活中关于工作的价值关系和价值现象的实现方式，在相

当大的程度上所体现出的是一种"隐喻的权力"①。三者共同构成了教师评价的话语系统，它们都是理解和把握教师评价的重要方式，它们相辅相成，相得益彰。然而，我国目前的教师评价中的话语系统比较单一，更多充斥着第一种话语系统，广大教师仅仅作为评价客体受控于他人评价，失去了在评价过程中的话语权。大部分的评价体系都是自上而下的，评价教师仍是不少校长或者其他上级领导的责任之一。评价教师，靠校长一个人说了算的情况在一些学校还是普遍存在的，尤其是农村的中小学。校长评价教师本身无可厚非，但是如果发展成为校长"一言堂"，那么，教师评价将带有很大的感情色彩和很强的主观性。调查显示，24.6%的教师认为学校实际上是按照"与领导的关系"进行教师评价②。虽然部分学校在现行的教师评价过程中已经开始重视评价主体的多元性，即教师自我、上级、同事、学生及其家长等多主体的评价，但在理论上并没有分清这些评价主体的关系以及与评价目的的联系。在操作层面上由于实施难度较大、信息处理困难等原因而没有真正实现评价主体的多元化。

(三)从评价实施看，过分强调结果，轻视操作程序的规范性

教师评价应遵循科学、客观和规范的基本原则，保证评价结果的真实、准确和可靠。目前学校开展教师评价程序有待规范。首先，评价指标设置随意性强，教师在制定指标体系方面参与度很低，校长、教师和学生对同一指标理解不一致，导致了不同评价者的结论不一致，教师作为被评价者对评价结果的认同度较低。其次，在实施评价过程中，对评价的时间、地点、评价人、评价方式等未作标准化要求，一方面导致评价者不知道如何操作；另一方面造成评价操作随

---

① 胡福贞．失语与喧哗——教师评价实践中的话语现象分析．教育理论与实践，2002，22(12)，30—34.

② 张红霞．走向发展的教师评价．河南师范大学硕士学位论文，2006.

意、不规范，增加无关因素的影响，降低评价结果的准确性。再次，在评价结果的处理上，一是简单量化，把等级评定、定性评价折换成分数，以分数论高低；二是忽视结果反馈。一个完整的教师评价体系应该包括计划、实施、分析和结果反馈四个环节，通过评价结果的反馈，一方面为教师专业发展提供建设性意见，另一方面为评价双方提供沟通与交流的平台。然而，目前国内很多的教师评价并不重视评价结果的反馈。评价实施后，教师只是知道自己的分数或者等级，不知道自己的优势和不足，对未来发展目标不明确。我们曾对 205 名中学教师就学校组织教师进行自我评价的情况进行调查，发现 83％的教师不知道自我评价的结果。在这种情况下，教师的知情权得不到应有的尊重，导致一些教师抱着合格即可的心态。这样的教师评价失去了它的导向和激励功能，评价只是为了证明，而忽视了改进。

第三节　教师评价展望

由于教师在提升国家教育质量中所扮演的重要角色，教师评价成为各国当前教育改革的重点之一。伴随着全球化进程的脚步，教师评价领域的国际学术交流与借鉴日益频繁，人们在现有的教师评价体系的基础上不断反思和总结经验，促进了教师评价体系的不断完善和发展。未来教师评价将越来越呈现出评价目的与功能多样化、评价标准多元化、评价内容个性化、评价过程规范化、评价方法与技术综合化等新局面。

一、教师评价目的与功能多样化

随着国内外教师评价制度的不断改革，教师评价的目的也逐渐呈现多元化，从单一的总结性目的过渡到以形成性目的为主、总结性目的为辅的教师评价，教师评价目的的多样化逐渐成为一种新趋势。

　　传统的教师评价的目的主要偏向总结性目的，即通过教师评价来区分教师工作表现的优劣，并以此作为鉴别、奖惩和选拔的标准。近年来国外的教师评价开始关注评价的形成性目的，强调通过教育评价来改进教师的教学行为，促进教师的成长与发展。在理论研究方面，越来越多的学者把帮助教师成长视为教育评价的首要目标。例如，美国密苏里州教师评价指导委员会提出的"基于表现的教师评价"就是以激励教师不断成长从而有效提高全体学生的学业成就为根本宗旨[①]。在实践方面，美国各州的 PAR(Teacher Peer Assistance and Review Program)教师评价项目，在基本目标上也达成共识，即教师评价不仅要对教学中存在严重问题的教师进行干涉，也要为教师的专业发展提供帮助[②]。英国中小学教师评价制度也强调要建立法律化、制度化和规范化的教师评价架构，为教师提供各种必要的支持和帮助，改进教师的教学能力和水平，进而促进学校办学效率和水平的提高，最终达到提高学生学业成就的目的[③]。

　　同时，教师评价目标的改进也将丰富教师评价的功能。新的教师评价不仅将发挥传统评价的管理功能，也将通过结合教师评价与教师的专业发展的方式，突出评价的反馈功能、诊断性功能和发展性功能，这在一定程度上可以促进教师的迅速成长。总体来说，拥有新理念的教师评价将改善教师评价功能窄化的局面，发挥教师评价的更多功能，使之能更好地为教师的发展、学生的学习以及学校的建设服务。

----

　　① 蔡敏. 美国"基于表现的教师评价"探析——以密苏里州为例. 教育科学，2008，2，491—496.
　　② 司学娟. 简析美国 PAR 教师评价项目. 新课程研究(下旬刊)，2010，1，22—24.
　　③ 许明. 英国中小学教师的评价制度和特点. 外国教育研究，2002，29，45—49.

二、教师评价标准多元化

在评价的标准上，未来的教师评价标准将体现出层次化和多元化特点。首先，在各项评价指标的设置方面更加人本化，重视个体差异，体现多层次性。具体来说就是形成多类别的评价标准，对不同教学背景的教师设定相应的评价标准。比如针对不同经验类型的教师（新手教师、有经验的教师以及专家型教师）设定不同水平的评价指标，使每一类型的教师都对自己的现状有更加清晰的认识，既能看到不足又不丧失信心与希望[①]。

其次，教师评价的标准也表现出从单一标准走向多元化标准的特点。以往学校在对教师进行评价时，大多把学生的学习成绩作为唯一的依据。但是没有哪一个标准对所有的老师都是有效的[②]，因此这样绝对化和单一化的评价很难全面考查教师工作的各个方面。未来的教师评价将克服传统评价的缺陷，将评价标准扩展至许多被忽视的方面，例如从师德、学生的人格成长、教师的发展等方面来增设教师评价的标准。这样不仅有利于引起教师对学生全面发展的关注，而且也符合发展性教师评价的目标。

同时，在评价标准的制定上，未来的教师评价模式显得更加灵活，主要体现在不同的地区与学校可以根据各自的实际情况制定适合本地区、本学校的评价标准，从而促进评价标准更好地发挥导向作用。

三、教师评价内容个性化

从评价的内容上看，倡导区分性评价，允许使用个性化的评价材

[①] 谢安邦，侯定凯，汪婧莉，顾玲玲. 走向多元、综合的教师评价——当前我国教师评价研究述评. 大学（研究与评价），2007，2，3—38.

[②] Peterson, K. *Research on school teacher evaluation*. NASSP Bulletin, 2004，88(639)，60.

料是未来教师评价的发展趋势。

现阶段的教师评价工作主要通过考查学生成绩①、课堂观察②或学生问卷调查③的方式来进行。这种评价主体与评价方式的单一性导致现有的教师评价在内容上相对单一与局限。不同的教师在经验、职业发展需求等方面都具有较大的个体差异性，因此，对于不同的评价对象，在评价的内容上都应该更加突出评价材料的个性化与人性化，尊重个性差异和多元价值④，而不是仅仅关注教师的教学质量与学生的学习成绩。同时，由于教师职业具有其自身的职业特殊性，因此教师评价应充分体现出教师的专业性，突破现阶段适用于任何职业评价的"德、勤、绩、能"四个方面，发展出更符合教师职业特点的评价内容体系。在评价内容的理论建构方面，近年来，有研究者针对评价的内容体系提出了教师评价的金字塔模型⑤。与以往的教师评价内容相比，这一模型突出并强调了教师基本素质在教师评价中所占的比例，并将教师的基本素质与教学行为作为两项同等重要的评价内容纳入到这一内容体系中。这意味着包含有师德、职业认同以及专业发展等因素的教师基本素质将成为评价教师的重要指标。这一模型的建立，将为未来建立更加全面、合理的教师评价体系提供理论依据和实践指导。

四、教师评价过程规范化

从评价的过程上看，未来的教师评价强调评价的科学性、系统性

① 杨传昌，蒋金魁. 我国中小学教师评价制度研究综述. 教育探索，2009，3，59—60.

② 周成海，靳涌韬. 美国教师评价研究的三个主题. 外国教育研究，2007，34，1—6.

③ Fink, D. *To improve the academy: Resources for faculty, instructional, and organizational development.* An Annual Collection of Articles Assembled by the POD Network in Higher Education，2008，26，3—21.

④ 李初然，卞轶男. 美国中小学教师评价的主要模式和发展趋势分析. 消费导刊，2009，5，159.

⑤ 申继亮，孙炳海. 教师评价内容体系之重建. 华东师范大学学报(教育科学版)，2008，2，38—43.

以及客观性。

在评价的过程上，教师评价的可操作性显得尤为重要。教师评价将明确在何时、何地由何人以何种方式进行评价，评价的结果也将实现预定的发展性目标。评价过程中可以借用自然科学的种种量化研究方法，运用各种可以将事实量化的手段，收集数据信息，借此做出客观评价[①]；也可以将各种人文因素考虑进来，引入质性研究的方法，增进教师评价的人文性。此外，未来的教师评价过程也将更加体现民主性。评价者与教师之间的关系是平等的合作关系，而不是监督与被监督的关系，鼓励教师积极地参与到评价过程之中，更好地实现教师评价的发展性功能，从而达到改进教学、提升自我的目的[②]。

五、教师评价方法与技术综合化

从评价的方法与技术上看，教师评价将更加注重定性研究和定量研究的结合。纵观当今美国中小学教师评价，主要采用以下几种比较典型的方法：同行评价（peer-review）、因材施评（differenced supervision and evaluation）、档案袋评价（portfolio assessment）以及增值性评价（value-added assessment）[③]。

其中，增值性评价是一种对学生学业成绩进行评价的定量研究的方法。增值性评价因受到心理测量学发展的影响，近年来在教师评价领域中受到了较高的关注。它可以将学生的原有成绩水平、人口学因素、地区经济水平以及家庭环境等因素对学生成绩的影响与教师或学校对学生成绩的影响分离开来，考察学校或教师对学生成绩影响的净

① 辛涛，李雪燕．教育评价理论与实践的新进展．清华大学教育研究，2005，26，38—43.

② 熊炜，阳迅．对我国发展性教师评价体系的探讨．当代教育论坛（宏观教育研究），2009，5，26—27.

③ 孙静．当前美国中小学教师评价的主要方法．外国中小学教育，2007，7，48—50.

效应①，因此能得到较为客观与科学的评价结果。正是由于这种方法的相对客观性与科学性，增值性评价才能够在越来越多的学校中得以运用。有数据表明：至2004年为止，美国已经有21个州的行政区正式使用增值性评价方式作为评价教师效能的基本方式②。

除了使用类似增值性评价的量化评价方法之外，质性评价方法也越来越受到重视。360度反馈评价是近年来从中小学人力资源管理中发展起来的一项重要的评价方法。它是指由员工自己、上司、同仁、同事甚至顾客等全方位的各个角度来了解个人的绩效。在实际操作中，360度反馈评价是针对某一主题设计一套问卷，通过问卷来搜集有用的信息，借此对评价对象进行评估反馈③。因此，相对于增值性评价，通过这种方式收集到的信息将更加全面与人性化，评价结果也更加容易被接受。目前，这种方法也在逐渐地被教育界所关注，今后类似360度反馈评价的方法将被作为一种重要的评价方法运用于教师评价工作中。

总之，今后的教育评价将呈现定性方法和定量方法相结合的格局，量化与质化评价互相补充，相得益彰。今后的教师评价将在实证研究的基础上引入更多的人文因素，既体现评价的客观化、科学化，同时也充分体现以个体需求为导向的心理建构思想④，实现教师评价的发展性功能。

六、教师评价主体与客体一体化

从教师评价的主体与客体来看，一方面，教师评价的主体逐渐呈

① Ballou, D., Sanders, W., & Wright, P. *Controlling for student background in value-added assessment of teachers*. Journal of Educational and Behavioral Statistics, 2004, 29(1), 37—65.

② 孙静. 当前美国中小学教师评价的主要方法. 外国中小学教育, 2007, 7, 48—50.

③ 喻浩. 360度反馈评价概述及其在教师绩效评估中的运用. 教育测量与评价(理论版), 2008, 11, 21—23.

④ 辛涛, 李雪燕. 教育评价理论与实践的新进展. 清华大学教育研究, 2005, 26, 38—43.

现多元化的特点，评价者的多样性将代替单一性，呈现出学生评价、同行评价、专家评价、领导评价以及教师的自我评价相结合的发展趋势。合理地确定评价主体并发挥其功能是保证教师评价有效的重要因素。例如近年来兴起的 360 度反馈评价就体现了这一新的趋势[1]。尤其关于其中的教师的自我评价方面越来越受到重视。基里亚基泽斯（Kyriakides）、坎贝尔（Campbell）和克里斯托费多（Christofidou）[2]指出，教师的自我评价是教师评价中一个非常重要的部分，它不仅能够使教师认识到自身存在的欠缺，更能进一步为教师提供完善自我发展的方向，因此教师应更多地参与到教师评价的活动中来，充分发挥其评价的主体性，成为评价活动的中心。另外，美国 PAR 教师评价项目中也提出增设咨询教师的评价。咨询教师是有丰富经验的教师，但他们完全脱离教师岗位，将全部精力投入到教师评价工作中。他们经常出现在教师的课堂教学中，不仅对教师的教学行为进行及时反馈，还会与教师一起讨论制订教学工作和计划[3]。这种单独分离出来的教师评价主体，由于和被评价者没有直接的利益冲突，又能保证教师评价工作持久开展，因而也逐渐受到人们的关注。

另一方面，随着发展性教师评价越来越受到重视，形成性目的逐渐成为教育评价的主要目的，评价客体之间单纯的竞争关系将会得到弱化，评价客体之间将逐渐形成相互交流、相互合作、相互促进的关系。这有利于教师群体之间形成和谐的工作氛围，促进所有教师的共同进步与发展。

---

① 周成海，靳涌韬. 美国教师评价研究的三个主题. 外国教育研究，2007，34，1—6.

② Kyriakides, L., Campbell, R., & Christofidou, E. *Generating criteria for measuring teacher effectiveness through a self-evaluation approach：A complementary way of measuring teacher effectiveness.* School Effectiveness and School Improvement, 2002, 13(3), 291—325.

③ 司学娟. 简析美国 PAR 教师评价项目. 新课程研究（下旬刊），2010，1，22—24.

七、教师评价信息化

随着现代教育技术的发展，网络教学越来越普及并受到广泛重视。与传统教学相比，网络教学具有动态化、数字化、信息量大、交互性强等显著的优势，为更多人提供了接受各种教育的机会，真正做到了因材施教[①]。网络教学情境下，教师的角色和主要任务均发生了很大变化。教师不再只是知识的传授者，更重要的还是学生学习的指导者。教师的主要任务是运用网络来激发学生的兴趣和动机，培养学生自主学习、探究和思考的能力，与学生在网络环境中交流、讨论以及对学生的学习和作业予以及时反馈[②]。正是由于在新的教学环境下教师角色和主要任务的变化，对教师的评价也随之发生很大变化。与传统教学中的教师评价相比，网络教学中教师评价的内容和方法呈现出新的特点和趋势。

首先，在教师评价的内容上，主要包括教师对信息技术的掌握情况、师生的交互情况、教师提供的学习资源的数量与质量、教师对学生作业的反馈与答疑、学生的考试成绩等。其中对学习资源的数量与质量的评价将是教师评价的一个重要指标，评价教师对教学内容的把握程度和满足学生需要程度[③]。

其次，将新的信息技术运用到网络教学下的教师评价逐渐成为教师评价的一大趋势。如利用新的信息技术建立教师电子档案袋，储存和组织教师的工作，扫描教师制作的多媒体文稿，保存声音文件，教师、学生和家长都可以对其进行评价。采用教师电子档案袋评价法，可以随时对教师的教学工作进行电子化记录，作为教师成长的一个见

---

① 王凤琦，胡渊. 网络教学评价体系的特征、模型及过程. 现代远程教育研究，2006，2，30—33.

② 张京彬，余胜泉，何克抗. 网络教学的非量化评价. 中国远程教育，2000，10，48—52.

③ 同②.

证和依据，促进教师的专业化成长，不断提高教师的教学水平。同时也可以采用教学录像分析技术，将教学录像进行编码分析，这种以编码为依据的量化分析结合专家对教师教学作出的定性评价，更能全面和客观地评价教师的教学工作[①]。

八、教师评价理念人性化

从理论与实践上看，一方面，关于教师评价的理论趋向于综合采用教育学、管理学、心理学和哲学等学科的理论成果，为教师评价提供有效的理论指南。从把教师当做"经济人"和"机器人"到把教师看成一个活生生的、发展的、自我实现的人，教师评价理论经历了从"科学管理理论"到"人本主义理论"的过渡[②]。一个合理的教师评价体系应考虑到教师的期望、需要、自尊等内在因素[③]。今后以"后现代主义"、管理学和心理学结合产生的新的教师评价理论将着重强调教师评价的人性化，以人为本，注重发展，重视过程，在制定新的教师评价体系时坚持导向性、超前性、目标性、发展性等原则[④]，力图同时促进教师的专业发展和教学水平，从而最终提高学生的学业成就。

另一方面，在实践中将逐渐呈现出奖惩性教师评价与发展性教师评价相结合的趋势。实践表明，以科学管理理论为基础的奖惩性教师评价体系在规范化和程序化教师教学活动，统一管理教师教学方面起到了积极的推动作用，但其明显的局限性是单一的奖惩评价体系很少考虑到教师的情绪、需要和期望，很难调动教师的工作积极性，评价

① 张倩苇，桑新民．网络环境下学习评价新模式的探索．中国远程教育，2002，2，53—55.
② 严玉萍．中美教师评价的比较研究．华东师范大学博士学位论文，2008.
③ Phillips, S. P. *An analysis of perceptions and implementation of California's teacher evaluation process in a k-5 public school and its impact on teacher practice*. Doctor Dissertation, University of Southern California, 2005.
④ 鲁武霞，黄正，陈颖，席娟．基于现代教育评价理念的教师评价体系构建．高校教育管理，2009，3(2)，61—65.

的结果仅仅是区分教学水平高低的教师，教师往往害怕被评价，对结果的不确定性和不可控性极其担忧和不安，工作积极主动性低①②。而建立在人本主义理论基础上的"发展性教师评价"体系立足于教师的发展，强调教师为评价主题的多元评价方式，对教师进行灵活而又全面区分性的评价，有利于提高教师的工作积极性，促进了教师的专业发展。因此，在未来的教师评价中，将奖惩性教师评价与发展性教师评价结合运用，则意味着评价的规范性与创造性的结合，这将是教师评价实践中的一大重要特点。

同时，在评价结果的反馈上，柯鲁格尔（Kluger）和丹尼斯（DeNisi）③的研究表明，消极的反馈会导致较低的实际行动，不利于教学改进与能力的提升。随着发展性教师评价体系的不断成熟，对评价结果的反馈将更多地从积极促进教师改进与提升的方面进行。

九、教师评价的元评价

从教师评价的元评价上来看，多种元评价方式的结合将成为对教师评价进行再评价的一种趋势。元评价是指对整个教师评价工作的质量进行评定④。我国学者周志刚⑤指出，已有的元评价主要有两种：一种是总结性元评价，即对教师评价的方法和技术、过程的实施、评价结果以及功能等进行全面的分析和评估，主要目的是提供意见或建

① Cidbulka, J. G., & Derlin, R. L. *Authentic education accountability policies: Implementation of state initiatives in Colorado and Maryland*. Educational Policy, 1998, 12(1), 84—97.

② Conley, S., & Glasman. N. S. *Fear, the School Organization, and Teacher Evaluation*. Educational Policy, 2008, 22(1), 63—85.

③ Kluger, A. N. & DeNisi, A. *The effects of feedback intervention on performance: A historical review, meta-analysis, and a preliminary feedback intervention theory*. Psychological Bulletin, 1996, 119, 254—284.

④ 严玉萍. 中美教师评价的比较研究. 华东师范大学博士学位论文, 2008.

⑤ 周志刚. 对再评估的探讨: 值得重视和研究的问题. 国际教育评估与质量保证会议交流材料, 1996.

议，属于经验总结性的评价；另一种是形成性元评价，即对教师评价的各个环节及时进行评价，及时反馈，以便发现问题后能及时修改方案。前者是评价结束后的总结性评价，其优点是可操作性强，但不足之处在于，不能及时发现评价中存在的问题；而后者则能及时反馈评价的结果，但可操作性和可靠性有待加强。由此可见，两种元评价模式的结合将成为今后的发展方向，从而对教师评价的有效性、准确性和可行性进行评价，不断提高教师评价的信度和效度。

第二章
教师评价模型

第一节　常见的教师评价模型

在西方国家，各类学校广泛采用各种各样的教师评价模型[1]，常见的教师评价模型主要有以下几种。

一、教师特质模型

教师特质模型(teacher trait model)的主要特征是通过一系列理想化的教师特质来评价教师，例如，热诚、公平、创造性等。根据美国1988年教育研究机构[2]公布的一项调查显示，尽管学校意识到这种评价方式所强调的人格特质也许在教师入职前已经存在，而且也难以通过努力发生改变，但美国还是有32%的学校使用了这种评价模型。

教师特质模型具有明显的优点，它简单明了、便于应用，同时也经过了长期的实践检验。管理者可以根据教师特质模型自由地进行判

① Stonge, J. H., & Tucker, P. D. *Handbook on Teacher evaluation: Assessing and improving performance.* Larchmont, NY: Eye on Education, 2003, 13.

② Bickers, P. M. *Teacher evaluation: Practices and produces.* Arlington, Va: Educational Research Service, 1988.

断，并不需要较高的专业技能。然而这一模型强调的是教师业已形成的人格特质，也有着明显的缺点。首先，在评价教师是否具有某一特质或具有多少特质上存在较强的主观性。有些特质，如创造性，它本身的定义就模棱两可，创造性的表现更是多种多样，因此不同评价者可能对创造性有着自己不同的理解，难以保证评价的客观性。其次，教师特质模型并不是教学表现的直接反映。通过这些特质，终究只是间接地反映教学表现，有可能高估特质和教学表现之间的联系，造成评价偏差。再次，难以对教师的专业成长提供帮助。评价的一个重要目标是提升教师素质，但由于教师的特质相对稳定而难以改变，因此基于教师特质的评价结果难以被教师用来作为提高自身素质的参照。

二、过程取向模型

过程取向模型（process-oriented model）主要关注课堂情境中评价者或管理者容易观察到的教学过程。通常收集那些被研究证明与学生学业成就有高度正相关的教学行为的数据。

过程取向模型具有的明显优势主要表现在以下几个方面：第一，评价所需要的指标是特定的行为，便于操作。第二，课堂情境是教师最为熟悉的，而描述课堂的要素对校长或其他评估者来说也并不陌生。第三，有助于促进教学行为相关研究的开展。

但过程取向模型的缺点也显而易见。首先，它带有较强的指示性。过程取向模型告诉教师哪些行为需要促进或评价，实际上是在引导教师往一个方向发展，客观上可能扼杀教师的教学个性和创造性。其次，它可能导致强调教学风格而忽视工作责任感。过程取向模型看重过程，而教学过程恰恰反映了教师的教学风格，在这种评价模型的引导下，教师可能非常重视风格变量，而忽视教师职业最珍贵的工作责任心。再次，限制了有经验的教师。经验丰富的教师往往在教学中有一套个人化的有效方法，并不一定拘泥特定的教学行为。过程取向模型容易忽略这些教师的优势，甚至将他们引向相反的方向。

三、基于职责的评价模型

基于职责的评价模型（duties-based evaluation model）建立在特定任务和要求的基础之上。比如，经常评估学生的学习情况是教师的重要职责，教师评价的重点在于考查教师能否准确、客观而完整地评估学生各方面的发展。

该模型有效地将教师评价与教师职业特点联系起来，最大的优势是可以满足教师教学工作过程中的合理要求，同时也避免了有关教学风格的问题。然而它仍存在以下问题。首先，在确定需要评价哪些职责上难以达成一致。教师既要教书又要育人，所承担的职责众多，社会各界、家长、学生对教师的要求又各不相同，这使得用职责来评价教师难以真正实现。其次，教师各种职责的权衡问题。教师的各种职责必然存在轻重程度之分，评价时也必然会考虑各种职责在评价系统中的权重，而如何确定权重又会带来新的问题。

四、问责模型

问责模型（accountability model）也被称为绩效责任制模型，它是将教师的表现与学生的学业成绩和其他成绩相结合进行评价的模型。1988 年，美国教育研究机构①公布的一项调查显示，全美有 35％的学校采用了这种评价方式，但有研究认为这一调查可能低估了全国各类学校采用这种评价方式的比例。

问责模型强调教育的结果，明确以提高学生学习成绩为目标。所以这种方式深受公众和行政管理人员的欢迎，并被广泛地接受。但是，问责模型也不可避免地存在一些缺点。首先，假设的可靠性问

---

① Bickers，P. M. *Teacher evaluation*：*Practices and produces*. Arlington，Va：Educational Research Service，1988.

题。问责模型假设教师的表现直接影响学生的学习成绩和行为，两者之间是因果关系。然而这种假设未必可靠，学生的学习成绩不一定完全反映教师的教学表现。其次，评价测验的可靠性问题。以学生的学习成绩和行为来评估教师的表现，会受限于学业成就测验的信效度。

五、基于目标的评价模型

基于目标的评价模型（goals-based evaluation model）是指教师为自己设定专业成长的目标，并根据这些目标评价教师是否达成目标。这种评价模型类似于企业中的目标管理模型。

这种模型往往适用于经验丰富的教师，它能有效促进教师的参与积极性，提高教师的自我反省能力，同时该模型使用多种数据来源，使评价更客观和全面。但是，它也存在不足之处。首先，更多的时间投入。每个教师都有独特的成长目标，对目标各异的教师进行评价就会花费更多的时间和精力。其次，目标的特异性问题。根据教师个人的目标来评价的方式尊重了教师个人的发展，但这些个人目标未必与组织（学校）目标有紧密的联系，所以可能不一定得到学校的认同。再次，开放性与合理性问题。个人目标既有独特性又有发展性，会随着时间的改变而发生变化，这种开放性导致评价难度提高；而且个人目标不仅可能与学校目标相背，而且还可能存在不合理的因素。

六、专业成长模型

专业成长模型（professional growth model）将重点转移到教师个体和他们的专业发展上来。评价者及时将信息反馈给教师，以提高教师想要提高或必须提高的教学技能。该模型特别关注教师的兴趣与需求。

专业成长模型能有效地促进教师的专业化和专业成长，使教师个体真正得到选择自身发展的权力，而且这种模型对教师的影响具有长远性。但是这种模型突出的问题是对学校无问责，难以满足公众了解学校教育状况的需要，而且在这种模型中，教师个人专业成长的目标与组织目标或组织绩效也没有特定联系，因而可能会导致无法强调教师对学校的责任。

七、混合模型

混合模型（hybrid model）是实践中使用最为普遍的模型。学校系统不可能仅使用以上六种模型中的任何一种，而往往是将多个目的和方法采用某种独特的方式整合起来。通常来讲，指标明确的模型多用于评价新手教师或经验较少的教师，而开放性的模型多用于评价有丰富经验的教师。

将多种评价策略结合起来的混合模型适合教师评价的多重目标和学校的具体情境，并且能够满足学校中不同个体的各种需求。然而该模型非常复杂，难以在实践中真正建立起来，并且不易平衡不同目标间的关系，如个人发展和专业责任之间的关系就难以真正协调。

在理论上，各种模型有着各自的优势与不足，所以在实践中，教师评价系统往往会根据特定的目的将各种模型结合起来综合使用。如果教师评价的目的是加强教师管理，则更倾向于采用标准化、可观察的教师评价方式，如过程取向的模型、问责取向的模型。如果教师评价的目的是促进教师专业发展，则更倾向于采用提供反馈、提高教学能力的教师评价方式，如基于目标的模型、专业成长的模型。由于教师特质模型与基于职责的模型针对的是教师的个人素质与工作特点，具有评价的普遍性，因此往往是两种评价目的导向都需要考虑的评价方式。除了考虑评价目的以外，由于理论取向或评价技术的改进，各种教师评价模型本身也会发生改变，因而在实践中往往需要运用综合性的教师评价模型。

学校对教师进行评价既要考虑公众关切，又要考虑学校自身管理和建设的要求。在实践中如何选择教师评价模型是各个学校开展教师评价的首要问题。斯通（Stonge）和塔克（Tucker）提出的两阶段六步骤的教师评价模型的选择过程[1]，为学校选择或整合评价模型提供了有益的借鉴。所谓两阶段是指教师评价过程分为开发阶段与实施阶段。开发阶段包括三个步骤：认同组织目标、开发工作绩效标准和设定绩效指标。认同组织目标是所有评价过程的先决条件，在此阶段要在公众的问责与学校组织的任务之间寻求一种平衡，描述这种平衡从而确定本组织的评价目标，进而把描述性评价目标确定为操作性评价目标。开发工作绩效标准是要将操作性目标转化为对本组织教师职位的期望，并反映工作的绩效标准。设定绩效指标是在绩效标准的基础上确定每条标准的评估水平，即具体的绩效指标。实施阶段也包括三个步骤：陈述绩效、评估绩效和提升绩效。记录绩效是通过教师、同事、学生或其他途径收集相关信息，记录教师的绩效表现。评价绩效是将收集的信息对不同的个体进行横向比较，确认教师与设定的目标绩效之间的差距。提升绩效侧重于对个体的纵向比较，强调个体在问责与专业成长中的进步（见图 2-1）。

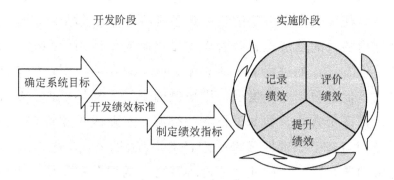

图 2-1 教师评价研发与实施模型

① Stonge, J. H., & Tucker, P. D. *Handbook on Teacher evaluation: Assessing and improving performance.* Larchmont, NY: Eye on Education, 2003, 26—29.

教师评价是一个动态的过程，选择或整合教师评价模型是进行教师评价的理论前提。教师评价需要根据不同的目的与要求，有步骤地选择、确定教师评价的模型，为实施教师评价提供理论基础，从而真正实现加强教师管理和促进教师专业发展的目标，进而最终实现提高教育质量的目标。

第二节　金字塔模型

教师评价实施的首要条件是确定评价什么，即评价内容。我们基于多年关于教师素质和教师专业发展的理论与实践研究，构建了教师评价内容体系，即金字塔模型。

一、模型的基本内涵

教师评价内容体系以直观的方式展示出来就如同一座金字塔，如图 2-2 。底座是教师的内在素质，塔身是教师内在素质的外在表现。具体而言，金字塔底座的三条棱分别代表了教师内在素质的三个基本成分：资源系统、动力系统与自主发展系统。教师的资源系统包括了教师的知识与认知能力等成分，如教师的本体性知识、条件性知识和实践性知识等，是教师从事职业活动的资源。教师的动力系统包括教师的职业理想、职业认同、职业承诺、价值观、效能感等成分，为教师从事职业活动提供动力。教师的自主发展系统主要包括教师生涯规划、教学反思、行动研究等成分，是直接影响教师专业成长的关键因素。塔身的三条倾斜棱分别代表了基于教师职责的外在表现的三个基本成分：课堂教学、辅导与管理。课堂教学是教师职业活动最重要的内容，是传递知识、培养能力、塑造人格的核心环节，也是检验和展示教师素质的最直接、最重要的成分。辅导即"学生发展指导"，指学生在校期间，教育者除了完成教学任务外，还要对学生个人在学业、就业、生活等方面的疑难给予及时的、必要的指导，使其在德、智、体等方面得以全面发展。管理就是教师通过计划、组织、领导、控制及创新等手段，根据学生身心发展规律，为实现培养目标而开展的活动。教师的管理行为包括对自己实施的教育教学行为的管理、对学生各种活动的管理、对各种教育教学资源的管理等。

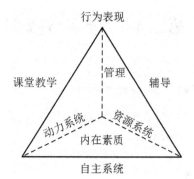

图 2-2　教师评价内容体系的金字塔模型

二、模型成分间的关系

金字塔模型是从内在和外在的角度来划分教师评价内容，是一种静态的描述。在现实教育教学活动中，不仅内在、外在成分是相对的，而且二者是密切相关的，各组成成分不是简单的平行关系。教师职业活动发生的机制是内在的、深层次的成分转化为外在的行为表现。在教师专业成长过程中，外在行为及其结果又会反作用于内在成分，丰富、完善或修正、调整内在成分。我们认为连接内在与外在成分的中介机制是教学监控。教师教学监控能力，是指教师为了保证教学的成功，达到预期的教学目标，在教学的全过程中将教学活动本身作为意识的对象，不断地对其进行积极主动的计划、检查、评价、反馈、控制和调节的能力。各成分间的关系可以通过图 2-3 和图 2-4 表示。

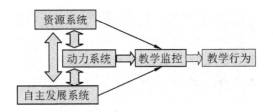

图 2-3 教师评价内容各种成分间的关系

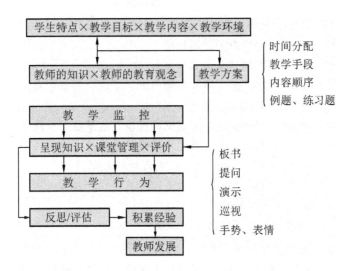

图 2-4 教学活动流程图

在图 2-4 中，教学活动分为三个阶段：第一阶段是教学的准备期，教师的核心任务是制定教学方案，而教学方案的水平和质量直接取决于教师的职业知识、教育观念以及对学生特点、教学目标、教学内容等方面的认识和分析。第二阶段是教学活动实施期，教师的活动主要包括三类，即呈现知识、实施课堂管理及对学生表现进行反馈和评价。这些活动进行得是否顺利、是否有效，直接受教学监控水平的影响，观察到的三类活动是教师课堂上的各种具体行为，如提问、板书、巡视等。第三阶段是教学效果评估与反思期，教师通过对教学目标达成度的评估，分析成功与欠缺之处，总结经验，丰富实践性知识，进而提升专业水平。

三、模型的指标体系

(一)外在行为各成分评价指标体系

表 2-1　外在行为评价指标体系

成分	指标体系
课堂教学	1. 教学的计划、实施、评估、反馈与调整 　1-1　设置适宜的教学目标 　1-2　选择的教学内容容量和难度恰当 　1-3　采取的教学方式与策略激发了学生的学习兴趣 　1-4　师生互动充分 　1-5　及时捕捉学生有意义的反应并给予恰当反馈 　1-6　根据学生的课堂反应调整教学安排 2. 对教育政策、教育对象与教育材料的理解 3. 学习氛围的创设 4. 提问与沟通的技巧 5. 为改善教学而进行的科学研究
辅导	1. 理想方面 　1-1　促进学生形成正确的人生观、世界观和价值观 　1-2　提升学生的公民素质，培养学生的社会责任感 　1-3　引导学生树立远大理想，将个人理想与社会需求、国家发展相结合 2. 心理方面 　2-1　促进学生形成健康的自我认识 　2-2　促进学生情绪情感的健康发展 　2-3　促进学生人际关系的和谐发展 　2-4　培养学生的健全人格 　2-5　促进学生形成坚强的意志品质和挫折耐受力 　2-6　有效减少学生的心理困扰及其不良影响 3. 学业方面 　3-1　促进学生的入学适应 　3-2　激发学生的学习动机和兴趣

续表

成分	指标体系
辅导	3-3 帮助学生确立恰当的学习目标 3-4 提升学生选课的意识和能力 3-5 指导学生制订合理的学习计划 3-6 改善学生的学习方法，提高学习效率与学习能力 3-7 指导学生掌握应对学习压力和考试压力的技能技巧 3-8 有效识别、诊断学习存在困难的学生，并为其提供有针对性的专业指导 4. 生活和生涯方面 4-1 培养学生珍爱生命、健康生活的意识 4-2 促进学生养成健康的生活习惯与兴趣爱好 4-3 培养学生的安全意识并掌握生存技能 4-4 培养学生生涯发展与规划的意识和能力 4-5 帮助学生了解自己的兴趣、能力倾向、个性特点与生涯发展的关系 4-6 帮助学生了解大学专业信息与社会职业需求，合理规划升学与就业目标 4-7 促进学生掌握步入下一阶段生活、学习、工作所必需的技能 4-8 有效减少学生在生活与生涯方面的困惑
管理	1. 课堂管理 2. 学生活动管理 3. 教学资源管理

(二)内在素质各成分评价指标体系

表 2-2 内在素质各成分评价指标体系

成分	指标体系
动力系统	主要包括职业理想、工作积极性、工作价值观、职业认同、效能感等
自主发展系统	主要包括教师生涯规划、反思意识与反思能力、科研能力(行动研究)等
资源系统	主要包括教师的认知能力、教师知识等,其中教师知识包括本体性知识、条件性知识、实践性知识

第三章
教师评价工具(一)：教师外在职业行为评价

根据教师评价内容的金字塔模型，教师外在职业行为主要包括：课堂教学、管理与辅导三种成分。本章重点介绍这三个方面的相关评价工具。

第一节　教师课堂教学评价工具

一、教师教学行为表现问卷

(一)概念界定

教师教学行为，是教师在教学过程中表现出来的可观察到的各种行为，教育教学方法、策略、措施和手段的总和①。它是影响学生的学业、人格与社交各方面发展的重要因素。

(二)问卷结构

教师教学行为表现问卷选自邹君编制的学校环境问卷②，包括师

---

① 杨小洋，张爱群，申继亮.从观念到行为：对教学中的问题观及问题式教学行为的调查与思考.课程·教材·教法，2005，25(10)，34—39.

② 邹君.学校环境因素对学生创造性的影响.北京师范大学硕士学位论文，2007.

生关系、教学活动和策略、评价以及课外活动四个维度，是从学生的角度来评价教师的教学行为。教师教学行为表现问卷只选取涉及课堂环境部分的三个维度，即师生关系、教学活动与策略、评价，共 23 个项目，其中项目 3、7、8、9、13、17、21、22 为反向计分题。各维度的含义及相应的项目如下：

师生关系 指教师在与学生交往的过程中是否保持平等的关系，得分高，表示教师更尊重学生、与学生保持平等的地位、学生可以表达自己独特的见解。包含项目 1、4、7、10、16、19，共 7 个项目。

教学活动与策略 反映教师在教学活动中是否会采取一些形式多样的活动或教学策略来鼓励学生的创造性想法、是否对学生的学习进行有效的指导、教学过程是否灵活等，得分高，表示教师不会照本宣科，能采用灵活而丰富的手段给予学生指导，学生的学习比较自主。包含项目 3、6、9、12、15、18、20、21、22、23，共 10 个项目。

评价 指教师对学生的评价是看重知识的掌握还是考试成绩，得分越高，表示教师越重视学生平时的学习过程和表现，而不只凭分数来评价学生。包含项目 2、5、8、11、14、17，共 6 个项目。

(三)施测与计分

该问卷用于测查初中生知觉到的教师教学行为表现。问卷使用时，采用统一的指导语进行团体施测。

问卷采用 7 点计分法，从 1"非常不符合"到 7"非常符合"。计分时，首先将反向计分题的得分进行转换，然后进行计分。每个维度所包含项目的得分均值即为各维度的得分，得分越高，表示该维度上的教师行为表现越高。问卷所有项目得分的均值即为教师教学行为表现的得分，得分越高，说明教师的教学行为越具有开放性和支持性。如果被试在 1/3 个题目上没有作答，或加总项目数不到 3 个，则其在该合成变量上的得分缺失不计算。

(四)信效度分析

编制者[①]采用整群抽样法,在江西和北京各抽取一所学校,以453名初中二年级学生为被试。结果发现,所有项目和总分的相关均在0.3以上,问卷的内部一致性系数为0.90。表明教师教学行为表现问卷具有良好的信效度。

附录:教师教学行为表现问卷

指导语:该问卷主要考查你在学校学习的一些情况,请你根据你们班级和学校的实际情况回答。如果符合你们的情况,请根据符合的程度在5~7之间打分。如果不符合你们的情况,请根据不符合的程度在1~3之间打分。实在说不清楚,则选择4,但请尽量避免选4。

	非常不符合	比较不符合	不太符合	说不清	有点符合	比较符合	非常符合
1. 老师私底下会与我们沟通思想。	1	2	3	4	5	6	7
2. 老师更加关注我们平时的表现,而不是最后的成绩。	1	2	3	4	5	6	7
3. 对不考的内容产生了兴趣会被老师告知"不要浪费时间"。	1	2	3	4	5	6	7
4. 老师允许我们对课堂如何学习拥有一定的发言权。	1	2	3	4	5	6	7
5. 老师会看到每个学生身上的优点,而不是成绩的好坏。	1	2	3	4	5	6	7
6. 老师注重对我们创造性的培养。	1	2	3	4	5	6	7
7. 如果老师讲错了,他(她)会作各种解释,不承认自己的错误。	1	2	3	4	5	6	7
8. 只有那些成绩好的学生才能得到表扬。	1	2	3	4	5	6	7

---

① 邹君.学校环境因素对学生创造性的影响.北京师范大学硕士学位论文,2007.

	非常不符合	比较不符合	不太符合	说不清	有点符合	比较符合	非常符合
9. 老师按照教学大纲的要求讲课，不涉及与生活相关的课外知识。	1	2	3	4	5	6	7
10. 很多事情老师都会让我们自己决定。	1	2	3	4	5	6	7
11. 老师对学生的学习过程比学习结果更重视。	1	2	3	4	5	6	7
12. 老师会给我们比较自由宽松的学习时间。	1	2	3	4	5	6	7
13. 在班里不允许公开发表自己独特的见解。	1	2	3	4	5	6	7
14. 只要有进步，即使成绩不好的学生也能得到老师的表扬。	1	2	3	4	5	6	7
15. 我们每个学生都有机会参与到课堂活动中去。	1	2	3	4	5	6	7
16. 老师会关心理解我们内心的想法。	1	2	3	4	5	6	7
17. 分数是老师评判学生的主要标准。	1	2	3	4	5	6	7
18. 大多数老师在传授学科知识的同时也有意识地培养我们观察、想象、记忆和思考的方法。	1	2	3	4	5	6	7
19. 老师能够接纳和尊重每一个学生。	1	2	3	4	5	6	7
20. 课上老师会让我们进行小组讨论或组成合作学习小组。	1	2	3	4	5	6	7
21. 在课上，我有一些自己独特的想法常常不被老师重视。	1	2	3	4	5	6	7
22. 老师所布置的课堂任务形式单一，提不起我们的兴趣。	1	2	3	4	5	6	7
23. 老师会指导我们如何选择有效的学习方法。	1	2	3	4	5	6	7

二、教师课堂行为的学生知觉问卷

(一)概念界定

教师课堂行为的学生知觉是指在课堂教学活动中，学生对教师针对学生自己的行为的主观评价或体验[①]。这里的教师行为仅限于课堂内的师生互动情况，而不包括课堂外的师生交往行为，它是从学生的角度去观察、理解教师的行为。研究发现，不同学生对于教师课堂行为的不同解释、评价和体验在教师行为对学生行为的影响中发挥着重要作用[②]。

(二)问卷结构

教师课堂行为的学生知觉问卷将学生对教师课堂行为的知觉分为支持性帮助、消极反馈、任务或规则取向、高期望四个维度，共 29 个项目。各维度的含义及相应的项目如下。

支持性帮助 指教师对学生的帮助以及向学生提供的鼓励和支持程度，得分越高，表示教师的支持性帮助行为越多。包含项目 1、5、9、13、16、20、24、28，共 8 个项目。

消极反馈 指教师对学生的学校工作和努力的消极反馈，得分越高，表示教师对学生的消极反馈越严重。包含项目 2、6、10、14、17、21、25，共 7 个项目。

任务或规则取向 指教师强调学习、完成任务和遵守规则，得分越高，表示教师对学生完成任务的要求越严格。包含项目 3、7、11、

---

① 王鑫. 学生的创造性倾向与其对教师课堂行为知觉的关系研究. 北京师范大学硕士学位论文，2003.

② Marshall，H. H.，& Weinstein，R. S. *Classroom context of student perceived differential teacher treatment*. Journal of Educational Psychology，1986，78(6)，441—453.

18、22、26、29，共 7 个项目。

　　高期望　指教师对学生的信任、积极情感，以及鼓励学生独立、自主，得分越高，表示教师对学生的期望越高。包含项目 4、8、12、15、19、23、27，共 7 个项目。

(三)施测与计分

　　教师课堂行为的学生知觉问卷是学生问卷，适用于中小学生对教师课堂行为知觉的测查。施测时采用统一的指导语进行团体施测，要求学生根据自己的判断，或者对教师行为的知觉，做出对题目所述情境的选择。

　　问卷采用 5 点计分法，其中"1"代表"非常不符合"，"2"代表"比较不符合"，"3"代表"不能确定"，"4"代表"比较符合"，"5"代表"非常符合"。每个维度包含项目得分的均值即为该维度的得分，得分越高，表示学生知觉到的相应维度上的教师课堂行为越多。问卷所有项目得分的均值即为教师课堂行为的总分。得分越高，表示学生知觉到的教师课堂行为越多。

(四)信效度分析

　　编制者[①]选取了 476 名北京中小学生为研究对象，检验了问卷的测量学指标。分析结果表明，教师课堂行为的知觉的内部一致性系数为 0.88；支持性帮助的内部一致性系数为 0.81；消极反馈的内部一致性系数为 0.75；任务或规则取向的内部一致性系数为 0.62；高期望的内部一致性系数为 0.78。上述结果表明问卷具有较好的信度。

　　验证性因素结果为：$\chi^2 = 1528.87$，$df = 377$，$\chi^2/df = 4.06$，RMSEA$=0.079$，CFI$=0.96$，NFI$=0.95$，TLI$=0.95$，IFI$=0.96$，

---

　　①　王鑫. 学生的创造性倾向与其对教师课堂行为知觉的关系研究. 北京师范大学硕士学位论文，2003.

表明数据较好地拟合了模型，问卷具有良好的结构效度。上述结果表明，教师课堂行为的学生知觉问卷达到了测量学的要求，可用于学生知觉教师课堂行为的测查。

附录：教师课堂行为的学生知觉问卷

指导语： 下面是教师在课堂上的一些行为和做法，请结合你的班主任老师的实际情况，判断他（她）的行为和下列行为是否符合，并作出相应的选择。

注意： ①每一道题目都要做，不要花太多时间去想。②所有题目都没有"正确答案"，凭你读完每一个句子后的第一印象来回答。③切记：凭你自己真实的感觉作答，在最符合自己情形的选项上打"√"。④每一道题目只能打一个"√"。

	非常不符合	比较不符合	不能确定	比较符合	非常符合
1. 老师常对我说"你做得很好"之类的话。	1	2	3	4	5
2. 当我不能完全符合老师的要求时，老师会对我表示失望。	1	2	3	4	5
3. 我感觉老师认为我的任务就是学习教材上的内容。	1	2	3	4	5
4. 我能感觉到，老师期望我在某一方面能有突出的表现。	1	2	3	4	5
5. 老师鼓励我大胆发表对问题的不同见解。	1	2	3	4	5
6. 老师曾经对我说过"在学校就应该听老师的"之类的话。	1	2	3	4	5
7. 我觉得老师把考试成绩作为评价我能力的主要方式。	1	2	3	4	5
8. 我能感觉到，老师期望我能敢于尝试困难的工作。	1	2	3	4	5
9. 老师与我在课堂上沟通时总是面带微笑和鼓励。	1	2	3	4	5
10. 如果我不能很好地完成老师布置的任务，老师会说"这么简单的事都做不好"之类的话。	1	2	3	4	5
11. 我觉得老师倡导我回答问题的内容能和书本上相一致。	1	2	3	4	5

	非常不符合	比较不符合	不能确定	比较符合	非常符合
12. 我能感觉到，老师期望我有一个高远的学习目标。	1	2	3	4	5
13. 当我有突出表现时，老师经常表扬我。	1	2	3	4	5
14. 当我提出超越课本以外的问题时，老师经常会表现出不予理睬或不耐烦。	1	2	3	4	5
15. 老师经常会给我一些独立思考和判断的机会。	1	2	3	4	5
16. 老师有时会以拍拍我的肩膀或抚摸我的头的方式来鼓励我。	1	2	3	4	5
17. 课堂上通过老师的表情，我觉得老师有时嫌我笨。	1	2	3	4	5
18. 老师要求我必须在得到他(她)的允许后，才能发表我自己的意见。	1	2	3	4	5
19. 对于一些困惑的问题，老师会启发我独立思考。	1	2	3	4	5
20. 老师经常对我说"你很聪明能干"。	1	2	3	4	5
21. 课堂上，当我提出和老师相反的意见时，老师会用语言或手势打断我。	1	2	3	4	5
22. 如果我没有按时完成老师布置的作业，无论是什么原因，他(她)都会严厉地批评我。	1	2	3	4	5
23. 即使我做出一些与众不同的行为，老师也会尊重我。	1	2	3	4	5
24. 回答问题时，即使我的答案不正确，老师也会对我的积极参与和尝试的行为给以肯定。	1	2	3	4	5
25. 当我犯错误时，老师会严厉地指责我而很少和我讲道理。	1	2	3	4	5
26. 我觉得老师在班级里制定了很多严格的规则，不能违反。	1	2	3	4	5
27. 我觉得老师期望我能有广泛的兴趣和爱好。	1	2	3	4	5
28. 即使某件事我没有做好，老师也会对我说"你已经很努力了"。	1	2	3	4	5
29. 我觉得老师希望我能按他的要求去做每件事。	1	2	3	4	5

三、教师课堂信息加工能力问卷

(一)概念界定

  教师的课堂信息加工能力是指教师在积累丰富的知识和经验基础上形成的对课堂教学活动的各方面信息的选择注意、编码、联合、比较与深加工，并做出决策、执行、反馈与调节，以期达到预期教学目标的认知能力[①]。它是教师教学专长在课堂教学活动过程中的具体体现，教师课堂信息加工能力发展的实质是课堂教学问题解决能力的提高[②]。

  信息加工过程是由注意、感觉、知觉、思维和推理等心理过程构成的复杂的信息加工系统，在不同的信息加工过程中存在着不同的认知加工策略，不同的加工策略在不同的认知发展阶段起着重要的作用。在注意加工过程中，注意系统通过对环境信息过滤和建立索引，获取感知觉加工过程所需要的信息。注意加工过程的一个突出特点就是注意的选择性，选择性注意是在认知加工过程中，对同时呈现两种或两种以上的刺激信息中的目标进行选择加工的过程[③]。知觉和推理过程是对刺激信息进行编码、识别、整合、提取长时记忆中相关信息和进行判断推理的认知加工过程，洞察力则在上述认知加工过程中起着十分重要的作用。洞察力指对问题深入透彻的分析和创造性的解决问题的能力，斯腾伯格(Sternberg)认为洞察力包括选择性编码、选择性比较和选择性联合，对教师的课堂信息加工能力有重要的影响[④]。此外，对课堂信息的表征也是教师的一种重要的课堂信息加工

---

  ① 张学民. 小学教师课堂信息加工能力研究. 北京师范大学博士学位论文，2002.

  ② 同①.

  ③ Posner，M. I. ，Syder，C. R. ，& Davidson，B. T. *Attention and the detection of signals*. Journal of Experimental Psychology：General，1980，109(2)，160—174.

  ④ 同①.

策略，课堂信息表征是指教师对课堂信息的表征，分为表层表征和深层表征。

(二)问卷结构

教师课堂信息加工能力问卷包括"课堂信息加工的选择性注意策略与洞察力策略问卷"和"课堂信息表征策略问卷"。其中前者包含选择性注意策略、选择性编码、选择性联合、选择性比较四个维度，共41个项目。后者包含表层表征和深层表征两个维度，共20个项目。各维度的含义及对应项目如下。

选择性注意策略　指教师在课堂教学中从复杂的信息中选择与问题有关的有效信息的能力。包含项目1~11，共11个项目。

洞察力策略包括选择性编码、选择性联合和选择性比较三个成分。

选择性编码　指辨别与特定问题有关和无关的信息。包含项目12~21，共10个项目。

选择性联合　指发现与问题解决相关的信息，并在问题的条件与相关信息之间建立联系，是寻找问题解决方法与策略的内在认知加工过程，是问题解决的关键。包含项目22~31，共10个项目。

选择性比较　指将记忆中的相关信息运用到问题解决的过程中，通过对问题的编码、联合、相似性比较、类比推理等方式与记忆中的信息进行比较，对知识和经验进行组织，以寻找解决问题的方法和途径。包含项目32~41，共10个项目。

课堂信息表征策略包括表层表征策略和深层表征策略两个维度。

表层表征策略　指根据问题的表面结构，对问题的表面属性及相关信息进行表征。包含项目1~10，共10个项目。

深层表征策略　指从本质上对问题及相关信息进行表征。包含项目11~20，共10个项目。

(三)施测与计分

该问卷适用于小学教师课堂信息加工能力的测查。施测时采用统一的指导语，以团体施测的方式进行。

两个问卷均采用 6 点计分法，其中"1"代表"完全反对"，"2"代表"比较反对"，"3"代表"不太同意"，"4"代表"基本同意"，"5"代表"比较同意"，"6"代表"完全同意"。在任一个问卷上，每个维度所包含的项目得分均值，即为该维度得分，所有项目得分的均值即为该问卷的总分。得分越高，则表示教师的信息加工能力越强。

(四)信效度分析

编制者[①]选取了北京市 20 多所小学的数学、语文和其他学科的教师共 80 名作为被试。分析结果表明，课堂信息的选择注意策略问卷与洞察力策略测验内部一致性系数为 0.90，其中选择性注意、选择性编码、选择性联合和选择性比较四个分维度，其内部一致性系数分别为 0.65、0.76、0.80 和 0.81。课堂信息表征深度测验的问卷内部一致性系数为 0.88，其中深层表征和表层表征两个分维度的内部一致性系数分别为 0.86 和 0.80。

验证性因素分析结果为：$\chi^2/df=2.0$，NFI＝0.97，IFI＝1.00，TLI＝1.00，CFI＝1.00，RMSEA＝0.00，表明理论建构的教师课堂信息加工能力问卷是合理的，包含上述六个方面。

附录：教师课堂信息加工能力问卷

指导语：下面是关于您从事教育教学活动的一些描述，请您根据自己的实际情况，回答下列描述与您的实际教学活动是否一致。例

---

① 张学民.小学教师课堂信息加工能力研究.北京师范大学博士学位论文，2002.

如，如果完全一致就选"完全同意"("6")，如果完全不一致就选择"完全反对"("1")，并用"○"画出相应的数字。

课堂信息的选择注意策略与洞察力策略问卷

	完全同意	比较同意	基本同意	不太同意	比较反对	完全反对
1. 在课上，我总是有意无意地注意学生听课的情况。	6	5	4	3	2	1
2. 在讲课时，我能对相关课堂信息特别关注，忽略无关信息。	6	5	4	3	2	1
3. 在我专心讲课时,能迅速觉察课堂上发生的其他事情。	6	5	4	3	2	1
4. 如果有学生在课上走神了，我会马上发现并提醒他(她)。	6	5	4	3	2	1
5. 上课时，即使教室外面有噪声，我也不会受到干扰。	6	5	4	3	2	1
6. 既要讲课又要处理学生纪律和注意力并不是一件困难的事情。	6	5	4	3	2	1
7. 我能够迅速发现课堂教学存在的问题，并及时有效地解决。	6	5	4	3	2	1
8. 在不影响教学的情况下，我很少关心课堂是否发生其他事情。	6	5	4	3	2	1
9. 我能及时发现学生对知识的掌握情况，并调整教学进度和方法。	6	5	4	3	2	1
10. 如果课堂上有意外的事件发生,我知道是什么原因。	6	5	4	3	2	1
11. 我常为某些学生在课堂上的表现感到莫名其妙。	6	5	4	3	2	1
12. 在课堂教学中，我能区分哪些问题重要，哪些问题不重要。	6	5	4	3	2	1
13. 我能够轻松地发现学生在学习中遇到的问题。	6	5	4	3	2	1
14. 课堂上的任何细节都逃不过我的眼睛。	6	5	4	3	2	1
15. 班级中的任何学习或活动气氛的变化都瞒不过我。	6	5	4	3	2	1

	完全同意	比较同意	基本同意	不太同意	比较反对	完全反对

16. 每个学生的细微变化都在我的掌握之中。　　　6　5　4　3　2　1

17. 我经常观察学生的心理变化，及时发现并解决他们的问题。　　　6　5　4　3　2　1

18. 我对班级所有学生的学习情况了如指掌。　　　6　5　4　3　2　1

19. 我对遇到的教学上的难题的难度和解决方法有基本的判断。　　　6　5　4　3　2　1

20. 我觉得要想掌握全班学生的情况并不是一件困难的事情。　　　6　5　4　3　2　1

21. 我经常培养学生善于发现问题的能力。　　　6　5　4　3　2　1

22. 如果学生的学习成绩下降了，我能及时分析并找出原因。　　　6　5　4　3　2　1

23. 如果学生的情绪有变化，我能够判断出可能的原因。　　　6　5　4　3　2　1

24. 如果学生遇到了难题，我会引导他发现问题的关键所在。　　　6　5　4　3　2　1

25. 我非常注重培养学生发现问题并寻找问题解决方法的能力。　　　6　5　4　3　2　1

26. 我有时对一些学生的学习成绩下降变化感到莫名其妙。　　　6　5　4　3　2　1

27. 作为教师应该善于开阔学生的视野，启发学生的思路。　　　6　5　4　3　2　1

28. 我能够理解为什么有的学生学习差纪律也差。　　　6　5　4　3　2　1

29. 善于发现问题才能够更好地解决问题。　　　6　5　4　3　2　1

30. 我对有些学生解题时无从下手感到困惑。　　　6　5　4　3　2　1

31. 解决学科上的难题时，我的思路非常清楚。　　　6　5　4　3　2　1

32. 我常将易混淆的概念进行比较，以便使学生清晰地掌握它们。　　　6　5　4　3　2　1

33. 我经常将讲课的内容进行归类，以便于学生理解掌握。　　　6　5　4　3　2　1

	完全同意	比较同意	基本同意	不太同意	比较反对	完全反对

34. 我讲课时经常结合相关学科的知识。　　　　　　6　5　4　3　2　1

35. 我经常会将其他学科的方法用于学生的学习和班级
管理上。　　　　　　　　　　　　　　　　　6　5　4　3　2　1

36. 我经常用学生熟悉的知识帮助他们理解和掌握课堂
知识。　　　　　　　　　　　　　　　　　　6　5　4　3　2　1

37. 我经常将有些独创的方法应用于解决学科教学和班
级管理中。　　　　　　　　　　　　　　　　6　5　4　3　2　1

38. 我常将相似性的知识之间的相同和区别进行归纳和
总结。　　　　　　　　　　　　　　　　　　6　5　4　3　2　1

39. 让我对学科知识进行归类和总结需要花费大量的时
间和精力。　　　　　　　　　　　　　　　　6　5　4　3　2　1

40. 我经常通过典型的问题来教学生解题的方法和技巧。　6　5　4　3　2　1

41. 我对学科教学有很多独到的看法和有效的教学方法。　6　5　4　3　2　1

课堂信息表征策略问卷

	完全同意	比较同意	基本同意	不太同意	比较反对	完全反对

1. 在处理课堂教学问题时，我能很快发现问题的根本
所在。　　　　　　　　　　　　　　　　　　6　5　4　3　2　1

2. 在解决问题时，我能够在已知条件中发现隐含条件。　6　5　4　3　2　1

3. 我能清楚地分辨哪些条件与问题有关、哪些与问题
无关。　　　　　　　　　　　　　　　　　　6　5　4　3　2　1

4. 根据我的经验，比较棘手的问题的已知条件带有迷
惑性。　　　　　　　　　　　　　　　　　　6　5　4　3　2　1

5. 遇到难的问题时，我首先想到与问题有关的公式或
原理。　　　　　　　　　　　　　　　　　　6　5　4　3　2　1

6. 我总是喜欢寻找问题之间的共同特征。　　　　　6　5　4　3　2　1

	完全同意	比较同意	基本同意	不太同意	比较反对	完全反对

7. 我善于对教学内容进行归类，以便使学生更好地掌握。　6　5　4　3　2　1

8. 我能够很好地把握教学内容的重点和难点。　6　5　4　3　2　1

9. 如果遇到一系列难题，我能够有效地分类解决。　6　5　4　3　2　1

10. 我处理问题的效率高，因为我知道最适合的方法。　6　5　4　3　2　1

11. 在解决课堂教学问题时，我有时会被表面条件所迷惑。　6　5　4　3　2　1

12. 我总是根据题目给出的明确条件解决问题。　6　5　4　3　2　1

13. 我处理问题经常走很多弯路才能找到解决方法。　6　5　4　3　2　1

14. 对我来说，找出问题的共同特征是一件很难的事情。　6　5　4　3　2　1

15. 我不善于对知识进行归类，有时讲课缺乏条理性。　6　5　4　3　2　1

16. 我常常不知道学生理解有困难的原因何在。　6　5　4　3　2　1

17. 我经常为寻找解决问题的关键要素而苦恼。　6　5　4　3　2　1

18. 如果遇到一系列难题，我常常不知道应该如何解决。　6　5　4　3　2　1

19. 我处理问题效率低，是因为找不到最适合的方法。　6　5　4　3　2　1

20. 我经常遇到陌生的问题，并花大量时间处理这些问题。　6　5　4　3　2　1

四、教师教学监控能力问卷

(一)概念界定

　　教师教学监控能力是教师为了保证教学成功地达到预期的教学目标，而在教学的全过程中，将教学活动本身作为意识的对象，不断对其进行积极、主动的计划、检查、评价、反馈、控制和调节的能力[①]。教学监控能力是教师课堂教学能力的重要方面，是教师素质构成中的核心

---

　　① 申继亮，辛涛. 关于教师教学监控能力的培养研究. 北京师范大学学报(社会科学版)，1996，1，37—45.

成分之一，它对教师的教学行为起着调节和控制的作用，决定着教师教学的成败，对学生的学业成绩和身心发展也具有重要的影响。

(二)问卷结构

教师教学监控能力问卷分为课前的计划与准备性、控制和调节性、评价和反馈性以及课后反省性四个维度，共 41 个项目。各维度的含义及相应的项目如下。

计划与准备性　指在课堂教学之前，明确所教课程的内容、学生的兴趣和需要、学生的发展水平、教学目标、教学任务以及教学方法与手段，并预测教学中可能出现的问题与可能达到的教学效果，这是教师进行教学监控的前提。包含项目 1～8，共 8 个项目。

控制和调节性　指教师努力地以自己积极的态度去感染学生，以多种形式鼓励学生努力学习，并保持对自己和学生之间交流的敏感性和批判性，教师教学的效果最终要落实到学生对知识的掌握程度和他们能力的发展速度与水平上。包含项目 9～28，共 20 个项目。

评价和反馈性　指在课堂上密切注视学生的反应，努力调动学生的学习积极性，随时准备有效应付课堂上出现的偶发事件，教师应对自己的教学进程、教学方法、学生的参与及反应等方面随时保持有意识的反省，并能根据这些反馈信息及时地调整自己的教学活动，使之达到最佳效果。包含项目 29～37，共 9 个项目。

课后反省性　指教师在一次课堂或一个阶段的课上完后，对自己已经上过的课的情况进行回顾和评价，仔细分析自己的课在哪些方面获得成功和需要改进的地方。包含项目 38～41，共 4 个项目。

(三)施测与计分

问卷采用统一的指导语进行团体施测。教师教学监控能力问卷适用于中小学教师教学监控能力的测查。

问卷采用 5 点计分法，其中"1"代表"从不如此"，"2"代表"很少如此"，"3"代表"有时如此"，"4"代表"经常如此"，"5"代表"总是如此"。其中 19 个项目(项目 1、2、5、6、7、8、9、11、12、13、15、16、17、22、27、28、32、34、38)是反向计分题。计分时，先将反向计分题的得分转换后再进行计分。每个维度包含项目得分的均分是相应维度的得分，所有项目得分的均分为问卷的总分，得分越高，表明教师的教学监控能力越强。

(四)信效度分析

辛涛[①]等人对北京和浙江两地的 436 名小学语文、数学教师进行了测试，并检验了问卷的信效度，结果发现问卷总的内部一致性信度为 0.89，四个维度的内部一致性信度系数分别为 0.78、0.76、0.75、0.71，表明该问卷的信度指标达到了测量学的要求。

验证性因素分析发现，教师教学监控能力是二阶四因素模型。测量学指标如下：$\chi^2 = 476$，$p < 0.001$，$\chi^2/df = 1.76$，GFI$=0.89$，表明该模型结构效度较高。上述结果表明，教师教学监控能力问卷达到了测量学的要求，可用于教师教学监控能力的测查。

附录：教师教学监控能力问卷

指导语： 下面的句子描述的是教师对教学活动的一些看法，请根据您的理解，判断它们在多大程度上符合您的实际情况。请用数字表示出来，"1"表示"从不如此"，"2"表示"很少如此"，"3"表示"有时如此"，"4"表示"经常如此"，"5"表示"总是如此"。

---

① 辛涛．教师教学监控能力的结构、影响因素及其与学生发展的关系．北京师范大学博士学位论文，1997.

	从不如此	很少如此	有时如此	经常如此	总是如此
1. 我一般不注意制订阶段性计划。	1	2	3	4	5
2. 我很难使自己的上课内容、方法和结构符合学生的学习状况。	1	2	3	4	5
3. 我要求自己设计教案时，能把过去、现在和将来的教学内容紧密结合起来。	1	2	3	4	5
4. 我要求自己准备好应用的教学材料、手段和目标，并注意提前检查。	1	2	3	4	5
5. 在制订计划和设计教案时，我常不知道该如何把环境状况(如班级环境、学校环境、社会环境等)的影响考虑进去。	1	2	3	4	5
6. 我在做课程设计时，常不知该如何调动学生的学习积极性和利用他们已有的兴趣。	1	2	3	4	5
7. 我一般不把对学生能力的培养写进教学计划中。	1	2	3	4	5
8. 在制订教学计划时，我并不考虑学生个性培养的问题。	1	2	3	4	5
9. 课堂上，我不允许学生乱说乱动。	1	2	3	4	5
10. 我课堂上的一切活动都是指向教学任务的。	1	2	3	4	5
11. 我认为学生应尊重老师的权威。	1	2	3	4	5
12. 我不太注意对学生的行为进行积极的反馈。	1	2	3	4	5
13. 我常不知道该怎样表达自己对学生的期望。	1	2	3	4	5
14. 我要求自己对学生的行为进行认真的监控，并以自己的行动来防止学生不良行为的出现。	1	2	3	4	5
15. 我很少考虑自己课堂提问的类型和梯度。	1	2	3	4	5
16. 我感觉在我的课堂上，学生们比较沉闷。	1	2	3	4	5
17. 课堂就是课堂，我不太主张学生在课堂上乱发表意见。	1	2	3	4	5
18. 在我的课堂上，教学材料、手段和目标通常都达到了预期的要求。	1	2	3	4	5

从 很 有 经 总
不 少 时 常 是
如 如 如 如 如
此 此 此 此 此

19. 我注意为学生留出巩固应用的时间。 1 2 3 4 5

20. 我讲课时常不自觉地流露出方言或口语。 1 2 3 4 5

21. 我很苦恼,在课堂上学生常不与我配合。 1 2 3 4 5

22. 在课堂上,我很难知道学生是否已经掌握了我所讲的 1 2 3 4 5
内容。

23. 为了帮助学生进步,我要求自己不断向学生提供有计 1 2 3 4 5
划、有组织的反馈信息。

24. 在我的课堂上,活动与活动之间转换得很自然。 1 2 3 4 5

25. 我有时感到课堂上的时间不够用。 1 2 3 4 5

26. 因为时间不够或其他原因,我有时课结束得比较仓促、 1 2 3 4 5
随意。

27. 面对整个班的学生,我提问时不可能照顾到不同情况 1 2 3 4 5
的学生,只能针对中等学生。

28. 我注意给学生提供机会去自己组织学习(如分组讨论 1 2 3 4 5
等)。

29. 我要求自己为学生提供团体交流的机会(如合作、讨 1 2 3 4 5
论、向他人学习等)。

30. 除了讲课,我一般不怎么与学生接触。 1 2 3 4 5

31. 我注意就学生的学习情况对他们提供反馈信息。 1 2 3 4 5

32. 我给学生布置课堂练习和课外活动的原则是反复练习、 1 2 3 4 5
大量强化,我相信题目做得多了,学生自然就会了。

33. 对学习任务完成不好的学生,我会给予公开批评,使他 1 2 3 4 5
们不敢再不好好完成任务。

34. 我注意建立每一个学生的学习情况档案。 1 2 3 4 5

35. 我注意为学生提供机会,使他们养成自己评估的能力。 1 2 3 4 5

36. 分析学生的学习情况,我可以看出一些普遍性的问题, 1 2 3 4 5
看出教学的效果。

	从不如此	很少如此	有时如此	经常如此	总是如此
37. 在对学生评估时,我一般不考查学生的学习技能和方法,主要看他们是否掌握了所学的知识。	1	2	3	4	5
38. 课上过就过去了,我一般不再去想它。	1	2	3	4	5
39. 我常以能否有效地促进学生思维能力的发展来评价自己的教学状况。	1	2	3	4	5
40. 我认为,反省与评价教学的一个有效方法是看学生对所学知识是否达到了最佳效果。	1	2	3	4	5
41. 我不太注意分析自己所使用的课堂管理的策略和方法的有效性。	1	2	3	4	5

五、教师对学生提问的反馈方式问卷

(一)概念界定

课堂提问是课堂教学活动的重要形式之一,也是教学过程中师生交互作用的重要方式,但是以往对课堂提问的研究主要关注教师对学生的提问,很少关注学生的课堂提问。学生的课堂提问是学生在课堂学习过程中对所学知识感到困惑和思维上的冲突并能以清晰的语言和恰当的方式在课堂上当场提出求得理解的过程[①],因而学生的课堂提问是检验学生思维操作和认知水平的标志。影响学生提问的因素除了学生自身外,教师的特征和行为也发挥着重要的作用,尤其是教师对学生在课堂上的提问所持的观念、态度以及表现出来的行为,即教师对学生提问的反馈。研究发现,教师鼓励与学生提问次数的增加存在

---

① 崔艳丽.中学生课堂提问及影响因素研究.北京师范大学硕士学位论文,2003.

正相关①，高水平的即时反馈会引发学生更多的阐释和提问②。

(二)问卷结构

学生知觉到的教师反馈问卷包括提问机会、教师奖励—惩罚、情绪反应、教师回答四个维度，共 20 个项目。各维度的含义及对应项目如下。

提问机会　表示教师是否提供提问机会，包含项目 3、7、9、13、17，共 5 个项目。得分越高，表明教师提供的提问机会越多。

教师奖励—惩罚　即教师对学生提问持奖励还是惩罚的态度，包含项目 1、4、10、14、18，共 5 个项目。得分越高，表明教师对学生提问持更积极奖励的态度。

情绪反应　指教师对学生提问的情绪反应，包含项目 5、11、15、19，共 4 个项目。得分越高，表明教师对学生提问表现出更积极的情绪。

教师回答　指教师对学生提问的回答状况，包含项目 2、6、8、12、16、20，共 6 个项目。得分越高，表明教师对学生提问的回答水平越高。

其中项目 2、4、8、9、11、13、15、17、18、19 为反向计分题。

(三)施测与计分

问卷适用于中学生知觉到的教师反馈的测查，施测时以团体施测形式，采用统一的指导语，由学生根据自己知觉到的教师行为来进行

---

① Aitken, J. E., Neer, M. R. *Variable associated with question-asking in the college classroom*. Paper Presented at the 77th Annual Convention of the Speech Communication Association, Atlanta, Georgia, 1991.

② Pearson, J. C. West, R. *An initial investigation of the effects of gender on student questions in the classroom: Developing a descriptive base*. Communication Education, 40(1), 22—32.

判断。

　　问卷采用 5 点计分法，其中"1"代表"非常不符合"，"2"代表"比较不符合"，"3"代表"一般符合"，"4"代表"比较符合"，"5"代表"非常符合"。计分时，先将反向计分题的得分转换后再进行计分。每个维度包含项目得分的均分是相应维度的得分，所有项目得分的均分为问卷的总分，得分越高，表明学生知觉到的教师反馈越积极。

(四)信效度分析

　　编制者[1]选取了北京市 3 所中学的初一、初二、高一和高二的439 名中学生进行了问卷调查。结果发现，学生知觉到的教师反馈方式问卷的内部一致性信度为 0.89，其中提问机会维度的内部一致性系数为 0.71，教师奖励—惩罚维度为 0.67，教师情绪反应维度为0.69，教师回答维度为 0.66。上述结果表明该问卷具有良好的信度。

　　探索性因子分析结果发现，问卷各项目的因子载荷在 0.41~0.79之间，各个项目在所属维度上的载荷值均符合测量学的要求，因而学生知觉到的教师反馈问卷具有较好的结构效度。这表明学生知觉到的教师反馈方式问卷可以作为对学生课堂提问的教师反馈测查工具。

附录：教师对学生提问的反馈方式问卷

　　指导语：下面的问卷是关于中学生课堂学习的一些行为和想法的描述。请你认真阅读题目，并根据自己的实际感受做出选择。

　　说明：①我们向你保证本项研究的结果不会透露给你的班主任、所有任课教师和家长。你的回答没有对错之分，而且与评定你的学业成绩没有任何相关。②选择题目中，题后的 5 个数字(1~5)表示题目所陈述的含义与你自己的实际情况相符合的程度。请在你认为符合自

　　①　崔艳丽.中学生课堂提问及影响因素研究.北京师范大学硕士学位论文，2003.

己的实际感受的选项上打"√"。

	非常不符合	比较不符合	一般	比较符合	非常符合

1. 老师经常表扬那些在课上提出问题的学生，即使他们的提问打断了老师的讲授。　　1　2　3　4　5

2. 老师经常用非常简单的话来回答学生的课堂提问。　　1　2　3　4　5

3. 老师不介意学生在课上打断他来提出自己的问题。　　1　2　3　4　5

4. 老师会批评那些在课堂上提出不切主题的问题的学生。　　1　2　3　4　5

5. 老师会热情地对待学生的课堂提问。　　1　2　3　4　5

6. 老师尽自己所能对学生的提问做出详细、清晰的解释。　　1　2　3　4　5

7. 老师让学生有问题就在课上当堂提出。　　1　2　3　4　5

8. 有时候老师不理睬我在课上提的问题。　　1　2　3　4　5

9. 如果上课时学生有问题，老师更希望大家课后再问。　　1　2　3　4　5

10. 老师很欣赏学生在课上提问。　　1　2　3　4　5

11. 老师经常对学生在课堂上所提问题感到生气。　　1　2　3　4　5

12. 老师在回答学生的提问时，经常会引导学生深入思考其他相关问题。　　1　2　3　4　5

13. 老师认为学生课上提问占用了他讲授教学内容的时间。　　1　2　3　4　5

14. 老师会夸奖那些在课上提问的学生，即使他们所提的问题好像与所学内容没什么关系。　　1　2　3　4　5

15. 当学生在课堂上提问时，老师经常会表现出厌烦。　　1　2　3　4　5

16. 老师总是很耐心地回答学生的提问，即使所提问题与课上所讲内容没有直接相关。　　1　2　3　4　5

17. 老师担心打断讲课计划，因此不希望学生在课堂上提问。　　1　2　3　4　5

18. 老师经常讽刺那些在课堂上提出各种各样问题的学生。　　1　2　3　4　5

19. 我觉得老师经常担心回答不出学生的问题丢面子。　　1　2　3　4　5

20. 我觉得大部分老师回答学生提问的水平很高。　　1　2　3　4　5

第二节　教师辅导评价工具

一、教师心理辅导理念问卷

(一)概念界定

　　教师心理辅导理念是指教师对心理辅导活动的理性认识、价值判断与实践态度[①]。普通任课教师从事心理辅导工作既是学校发展性心理辅导的一种发展要求，也是学校教育改革的一种发展趋势。

　　心理辅导是教师职业活动的重要组成部分，它与课堂教学、管理一样是教师的重要工作职责之一。教师开展心理辅导工作的前提条件是具备一定的心理辅导技能与理念，而心理辅导理念支配了教师以怎样的态度去使用心理辅导技能。研究发现，教师的心理辅导理念是教师能否从事心理辅导活动的关键，并且针对教师心理辅导理念的培训可以显著提高教师的心理辅导能力[②]。

(二)问卷结构

　　教师心理辅导理念问卷分为终极性心理辅导理念和工具性心理辅导理念两个维度，共 27 个项目。各维度的含义及对应的项目如下。

　　终极性心理辅导理念　指教师持有的关于心理辅导的主体、对象、功能、作用等问题的理念，包含项目 1、2、5、7、9、10、12、16、20、22、25、26、27，共 13 个项目。

　　工具性心理辅导理念　指教师对心理辅导的过程、途径、方法与

[①] 孙炳海．中小学教师心理辅导理念结构与形成的研究．浙江师范大学硕士学位论文，2005.

[②] 季旭峰．初中教师心理辅导理念形成的研究．浙江师范大学硕士学位论文，2002.

策略等问题的理念及对日常教育教学实践中关于心理辅导的教学行为的理念，包含项目3、4、6、8、11、13、14、15、17、18、19、21、23，共13个项目。

其中项目5、6、9、10、16、20、22、25、26、27为反向计分题。

(三)施测与计分

教师心理辅导理念问卷适用于中小学教师群体的心理辅导理念的测查。问卷采用自我报告的方式，施测时采用统一的指导语进行团体测验。

问卷采用5点计分法，其中"1"表示"完全不符合"，"2"表示"大部分不符合"，"3"表示"基本符合"，"4"表示"大部分符合"，"5"表示"完全符合"。计分时，先将反向计分题的得分进行转化，然后计算。各维度相应项目得分的均分即为该维度教师心理辅导理念的得分，得分越高，表示教师持有的心理辅导理念越适宜。

(四)信效度分析

研究者[1]选取了455名中小学教师进行了调查。分析结果表明，终极性心理辅导理念和工具性心理辅导理念的内部一致性系数分别为0.96、0.89；一个月后，对74名被试进行重测的信度系数分别达到0.84、0.84。结果表明该问卷具有良好的信度。

验证性因素分析的结果表明，$\chi^2/df=3.39$，NFI$=0.88$，IFI$=0.92$，GFI$=0.86$，CFI$=0.91$，RMSEA$=0.07$。从结果可以看出，模型拟合度较高，表明教师心理辅导理念问卷的结构是合理的。总体来讲，教师心理辅导理念问卷达到了测量学的要求，可用于教师心理

---

[1] 孙炳海.中小学教师心理辅导理念结构与形成的研究.浙江师范大学硕士学位论文，2005.

辅导理念的测查。

附录：教师心理辅导理念问卷

指导语：这份问卷是为了了解老师们对心理辅导的看法。调查只用于科学研究，请您根据自己的实际情况如实填写，我们会对您填写的内容保密。请您仔细看题，不要遗漏。问卷上的每一个题目都描述了一种心理辅导的观点或实施状况，请您判断该题目的内容是否符合您的想法或实际情况，并在相应的选项上打"√"。

	完全不符合	大部分不符合	基本符合	大部分符合	完全符合
1. 我认为心理辅导对学生的学习帮助最大。	1	2	3	4	5
2. 我为与学生有一种平等的关系感到高兴。	1	2	3	4	5
3. 我认为同情与共情(感同身受)从本质上讲是不一样的。	1	2	3	4	5
4. 无论与谁谈话，我总是一个好听众。	1	2	3	4	5
5. 我感到心理辅导老师所做的事并不真正值得。	1	2	3	4	5
6. 我认为有时候用讽刺的方法辅导学生也有效。	1	2	3	4	5
7. 我欣赏那些能平等对待学生的老师。	1	2	3	4	5
8. 我经常亲近学生。	1	2	3	4	5
9. 从长远来看，我认为心理辅导对学生没有根本性帮助。	1	2	3	4	5
10. 我认为发展性辅导是不适合中国国情的。	1	2	3	4	5
11. 我经常向学生家长了解其子女在家庭中的情况。	1	2	3	4	5
12. 我认为优等生也很有必要接受心理辅导。	1	2	3	4	5
13. 我喜欢站在学生的立场来考虑学生的问题。	1	2	3	4	5
14. 我经常记录并总结教育教学中发生的事情。	1	2	3	4	5
15. 我经常引导学生之间相互帮助。	1	2	3	4	5

	完全不符合	大部分不符合	基本符合	大部分符合	完全符合
16. 对那些顽固不化的人，我认为心理辅导是无计可施的。	1	2	3	4	5
17. 我从来不会有意说些伤害他人感情的话。	1	2	3	4	5
18. 我喜欢与学生建立真正的合作关系。	1	2	3	4	5
19. 我了解过学生的理想。	1	2	3	4	5
20. 我认为心理辅导老师不过是靠与人谈话而生存的人。	1	2	3	4	5
21. 我喜欢学生向我讲述他们的烦恼。	1	2	3	4	5
22. 我认为只有心理有病的人才有必要接受心理辅导。	1	2	3	4	5
23. 我经常组织学生开展自我教育的班级活动。	1	2	3	4	5
24. 我经常反思自己教育学生的方法。	1	2	3	4	5
25. 我认为心理辅导师不如精神病医师，因为他们没有处方权。	1	2	3	4	5
26. 我认为心理治疗比心理辅导更有效。	1	2	3	4	5
27. 我认为那些在班内令行禁止、说一不二的老师最适合做心理辅导老师。	1	2	3	4	5

二、共情问卷

(一)概念界定

共情(empathy)被广泛定义为与个体对他人体验反应有关的一系列结构。这些结构包括了观察者之间的换位思考的过程，以及这些过程所产生的情感与非情感结果[①]。在教育领域，由于教师活动具有很强的助人性特点，因此教师的共情备受教育学和心理学研究者的关

---

① Davis, M. H. *Empathy*：*A social psychological approach*. Boulder, CO：Westview, 1996.

注。关于教师的共情，下面列举两个有代表性的定义。泰特戈(Tettegah)和安德森(Anderson)将它定义为教师向学生表达关注及观点采择的能力，包含共情中的认知和情感成分[①]。皮尔特(Peart)和坎贝尔认为教师通过感同身受来调节自己的教学是教师共情中不可缺少的部分，他们将教师的共情定义为教师真正从学生的立场出发考虑问题，能对学生的感受与想法进行设身处地的体会与思考，从而调节自己的教学以更合适的方式引导学生在学业和情感各方面的成长[②]。

(二)问卷结构

教师共情问卷采用孙炳海等人[③]修订的戴维斯(Davis)编制的人际反应指数问卷[④](Interpersonal Reactivity Index，IRI)。该问卷由共情关注(Empathy Concern，EC)、观点采择(Perspective Taking，PT)、幻想(Fantasy，FS)和个人忧伤(Personnel Distress，PD)四个维度构成，共28个项目，其中项目3、4、7、12、13、14、15、18、19为反向计分题。

共情关注　指个体体验他人情感的倾向，以及对他人的悲伤伴随着自己的同情与怜悯的反应，主要关注情感方面的结果。包含项目2、4、9、14、18、20、22，共7个项目。

观点采择　指对他人想法的关注与理解，是共情的认知成分。包含项目3、8、11、15、21、25、28，共7个项目。

---

① Tettegah, S., & Anderson, C. J. *Pre-service teachers' empathy and cognitions: Statistical analysis of text data by graphical models.* Contemporary Educational Psychology，2007，32(1)，48—82.

② Peart, N. A., & Campbell, F. A. *At-Risk students' perceptions of teacher effectiveness.* Journal for a Just and Caring Education，1999，5(3)，269—284.

③ Huang, X. Z., Li, W. J., Sun, B, H., Chen, H. D., & David, M. H. *The validation of the interpersonal reactivity index for chinese teachers from primary and middle schools.* Journal of Psychoeducational Assessment，2012，30(2)，194—204.

④ Davis, M. H. *A multidimensional approach to individual differences in empathy.* Catalog of Selected Documents in Psychology，1980，10，85.

幻想　　指个体对假想他人的情感与行动的调整倾向。包含项目 1、5、7、12、16、23、26，共 7 个项目。

个人忧伤　　指对他人情感反应过程中体会到的自己的不安感与不舒服感，也被认为是与情感有关的。包含项目 6、10、13、17、19、24、27，共 7 个项目。

(三)施测与计分

修订后的共情问卷适用于中小学教师共情能力的测查。研究者采用该问卷时，依据统一的指导语进行团体施测。

问卷采用 5 点计分法，从"完全不符合"到"完全符合"分为 5 个等级，其中"1"代表"完全不符合"，"2"代表"基本不符合"，"3"代表"不确定"，"4"代表"基本符合"，"5"代表"完全符合"。计分时，先将反向计分题的得分转换后再进行计分。每个维度包含项目得分的均分是该维度的得分，所有项目得分的均分为问卷的总分，得分越高，表明教师的共情倾向越高。

(四)信效度分析

编制者[①]随机选取了 323 名小学教师和 287 名中学教师为被试进行了问卷调查，并利用收集到的数据进行了信效度分析。信度分析结果表明：在小学教师样本中，PT、EC、PD、FS 分维度的内部一致性系数分别为 0.72、0.78、0.81、0.77；在中学教师样本中，上述分维度的内部一致性系数分别为 0.74、0.83、0.76、0.80。一个月后，从中随机选取了 99 名中小学教师进行了重测，上述分维度的内部一致性系数分别为 0.71、0.70、0.77、0.78。

---

① Huang, X. Z., Li, W. J., Sun, B, H., Chen, H. D., & David, M. H. *The validation of the interpersonal reactivity index for chinese teachers from primary and middle schools.* Journal of Psychoeducational Assessment, 2012, 30(2), 194—204.

小学教师样本中的验证性因素分析结果如下：$\chi^2/df=1.94$，CFI＝0.94，SRMR＝0.06，RMSEA＝0.05。中学教师样本中的验证性因素分析结果如下：$\chi^2/df=2.31$，CFI＝0.89，SRMR＝0.08，RMSEA＝0.07。结果表明模型拟合指数良好，共情问卷包含四个维度是合理的。上述结果说明，修订后的共情问卷适用于中小学教师共情能力的测查。

附录：共情问卷

指导语：下面是有关您在不同情境下可能会有的想法和感受。请选择与您情况最符合的选项，并在相应的数字上打"√"。

	完全不符合	基本不符合	不确定	基本符合	完全符合
1. 对听说的故事,我常常会想象可能发生在自己身上。	1	2	3	4	5
2. 对于那些没有我幸运的人,我经常会怀有体贴、关切之情。	1	2	3	4	5
3. 有时候我觉得很难从他人的角度看问题。	1	2	3	4	5
4. 当别人遇到困难时,我并不会很同情他们。	1	2	3	4	5
5. 我确实会陷入小说人物的情感中。	1	2	3	4	5
6. 在紧急情况下,我自己会感到担心和不安。	1	2	3	4	5
7. 欣赏电影或戏剧时,我往往很客观,不会受故事角色感染。	1	2	3	4	5
8. 在做决定之前,我会参考大家的不同意见。	1	2	3	4	5
9. 看到别人被利用时,我就会产生保护他们的同情体验。	1	2	3	4	5
10. 当身处高度情绪化的情境中时,我有时会感到无助。	1	2	3	4	5
11. 有时我会想象朋友对事情的看法,从而更好地理解他们。	1	2	3	4	5
12. 我很少会完全沉浸于一部好书(电影)的人物角色之中。	1	2	3	4	5
13. 看到有人受到伤害时,我仍然会坦然自若。	1	2	3	4	5

	完全不符合	基本不符合	不确定	基本符合	完全符合
14. 我不会对他人的不幸感到很不安。	1	2	3	4	5
15. 如果我肯定自己是对的,我就不会浪费许多时间去听别人的意见。	1	2	3	4	5
16. 看完戏剧或电影后,我感觉自己好像就是其中的一个角色。	1	2	3	4	5
17. 身处紧张的情境中,我会感到恐惧。	1	2	3	4	5
18. 当看到有人受到不公平对待时,我不会很同情他们。	1	2	3	4	5
19. 面对非常危急的时刻,我也会有效地处理。	1	2	3	4	5
20. 我常常会对看到的事情产生关切之情。	1	2	3	4	5
21. 每个问题都有两面性,我会竭尽全力地从正反两方面去考虑问题。	1	2	3	4	5
22. 我认为自己是个很有同情心的人。	1	2	3	4	5
23. 观看一部精彩的电影时,我很容易把自己想象成是里面的主角。	1	2	3	4	5
24. 我往往会在紧急情况下不知所措。	1	2	3	4	5
25. 当有人让我心烦时,我常会设身处地地为他着想。	1	2	3	4	5
26. 在读有趣的故事或小说时,我会想象故事里的情节如果发生在我自己身上会怎样。	1	2	3	4	5
27. 看到有人在紧急情况下急需帮助时,我会惊慌失措。	1	2	3	4	5
28. 在批评别人之前,我会考虑如果自己处于他们的立场,会有怎样的感受。	1	2	3	4	5

三、教师个别辅导技能情境测验

(一)概念界定

随着社会的发展,在校学生的问题日益增多,教育部相继印发了

《关于加强中小学心理健康教育的若干意见》(1999 年)、《中小学心理健康教育指导纲要》(2002 年)来指导、规划我国中小学的心理健康教育工作,这使得学校的心理辅导工作愈来愈受到重视。研究指出,个别辅导是学校心理辅导的首要工作①。因此,为了更好地落实和开展学校的心理辅导工作,中小学教师需要具备一些基本的个别辅导技能。基于中小学普通任课教师在学校心理健康教育体系中的主要职能在于了解学生需求、促进学生发展,有研究者②将教师的个别辅导技能界定为专注倾听、尊重、真诚和共情这四种个别辅导基本技能。

(二)测验结构

教师个别辅导技能情境测验属于辅导情境反应测验,该测验共包含 7 个项目,用来测查教师的真诚、尊重和共情技能。而对于专注倾听技能的测查只能在真实咨询实践中,通过对被试的直接观察或者录像分析来进行。

真诚 指咨询者能对自己的感觉尽可能地觉察,并愿意与自己的真实感受及态度合而为一。即在与来访者的关系中真实无伪,坦然地让当时内在的感觉和态度流露出来,且若情况适宜,可将感觉传达给来访者③。其中项目 1、2 用来测量被试的真诚技能。

尊重 指咨询者能注意来访者较正向的观点,并诚实地承认、欣赏、容许差异的存在。项目 3、4 用来测量被试的尊重技能。

共情 指的是一种能设身处地体验他人处境,从而达到感受和理解他人情感的能力。项目 5、6、7 用来测量被试的共情技能。

专注倾听技能的测量只能在咨询实践中进行,它是指在咨询过程

---

① Palmo,A. J. ,& Seay,T. A. *A comprehensive model for multidimensional competencies in the training of secondary school counselors.* Counselor Education and Supervision,1983,23,83—89.

② 周贤.中小学教师个别辅导技能形成的实验研究.浙江师范大学硕士学位论文,2006.

③ Rogers,R. C. *On becoming a person:A therapist's view of psychotherapy.* Bosbon: Hoghton Miffiin,1961.

中，咨询者的语言与非语言行为反映出咨询者正全神贯注聆听来访者的语言表达，细读来访者的非语言行为，关切、痛惜与重视来访者的遭遇，愿意伴随来访者上天下海窥视问题的始末①。

(三)施测与计分

教师个别辅导技能情境测验适用于中小学教师个别辅导技能的测试。施测时可以采用统一的指导语进行团体施测。由于是情境测验，测验时要求被试当做自己是与正前来求助的学生来访者晤谈的辅导教师，直接在学生来访者的陈述之后，写出自己的反应，并指示被试在填答时尽量按照某种所学技能的要求，表达对学生来访者的了解及对学生来访者有所帮助的意见。反应陈述力求精要、流畅，勿做过多修改。

该测验分为四个评定内容的层次，采用7点量表。其中尊重、真诚、共情技能的评定标准来自卡克赫夫(Carkhuff)等②编制的咨询员技术评定量表；专注倾听技能的评定标准则是参考了刘焜辉③的专注投入量表。具体评分标准参见附录2。

(四)信效度分析

研究者选取了中小学教师、心理辅导骨干教师研修班成员及心理辅导专业硕士共126名被试。结果表明，教师个别辅导技能情境测试的内部一致性系数为0.97，两位专家的评分者间信度为0.936($p<$0.001)，两者均达到测量学上的要求。

在效度检验方面，选取了专家组、半专家组和普通组三组专业程

---

① 周贤.中小学教师个别辅导技能形成的实验研究.浙江师范大学硕士学位论文，2006.

② Carkhuff, R., & Berenson, B. *Beyond counseling and therapy* (2*nd* *ed.*). New York: Holt, Rinehart and Winston, Inc, 1967.

③ 刘焜辉.咨商技巧训练手册.台湾：天马文化事业有限公司，2002.

度各异的被试，考查三组被试在测验上的差异，以检验区分效度。其中专家组由正在攻读辅导学位的二三年级硕士研究生和已经获得该方向硕士学位的研究生组成，合计 28 名，其专业性程度较高；半专家组由浙江省心理辅导高级研修班的教师组成，他们接受过一些咨询知识和技术的培训并开展过少量辅导实践工作(在校开展班级心理辅导活动课或从事个别咨询，但次数与时间有限)，共计 38 名；普通组由浙江省普通中小学教师组成，并且未参加过心理辅导的相关培训，共计 60 名。结果发现，教师个别辅导技能情境测试题可将专家组、半专家组与普通组的个别辅导技能区别出来，其差异均达到 0.01 的显著性水平。可见该测试题在区别教师是否掌握了辅导技能训练方面具有较高的区分效度。总体来讲，教师个别辅导技能情境测试达到了测量学的标准，可用于中小学教师个别辅导技能的测查。

附录1：教师个别辅导技能情境测验

指导语：请您先阅读作答说明，再根据自己的实际体验逐题认真填写，施测时间并无限制。祝您身体健康、心情愉快！

说明：当您遇到学生向您陈述下列情况时，您将会给予怎样的反应？填答时请尽量表达您对他的了解和您认为对他有帮助的想法，但陈述力求精简流畅(填写的每个反应请勿超出所画的三行线)。

(一)请使用真诚技术，对下列来访者作回应。

1. 我真不喜欢我们现在的班主任，我们都已经长大了，他还老把我们当小孩看，认为我们只能服从，不能有意见。现在都是民主时代了，还有老师实行霸权，亏他还是新教师，连现在是什么时代都不知道。

_____

_____

_____

2. 气死人了，什么鬼老师嘛！教的那是什么东西！从来也不想想我们！他教什么，我们就要学什么。我觉得上学简直是浪费时间，什么鬼老师！一看就生气。我真想告诉他们，他们教那些什么鬼东西，我才不想学呢，看到他们就讨厌死了。真想臭骂他们一顿。这是什么破学校！真想放一把火把它烧掉。

_____

_____

_____

(二)请结合所学技能作回应，表达您对来访者的尊重。

3. 我不喜欢现在的我，我的体重超标很多，尽管很想减肥，但怎么也做不到。我总是喜欢吃，而且总是吃得太多。小时候，我的家人责备我，但他们越是要我停止，我吃得越多，有时还会吃出病来。我下决心开始锻炼并坚持节食，但总是不能坚持到底。

_____

_____

_____

4. 我觉得我爸妈太保守了，有时候真没办法忍受。他们不准我接听任何女同学的电话，晚上回来后也不准我出去。每天放学时，我真不想立刻回家，但是我如果不立刻回家的话，他们又会查东查西，烦透了。我都已经那么大了，还像管小孩一样管我，真不知道他们心里在想什么。

_____

_____

_____

(三)请您使用共情技术，对下列来访者作回应。

5. 我们上英语课时，老师把我们全班同学分组，每周都有一些作业，要同组的同学一起来做。我们这一组有四个人，除了我之外，其他三位同学对作业都漠不关心。每一次的作业，他们都推给我做。礼拜天，我整天待在电脑室，将作业做完，而他们却在外面玩一整天。我跟他们说过好几次，这样对我不公平，他们却说他们英语不好，如果要他们写，一定做不好。我很想将这件事告诉老师，干脆我自己一个人一组好了。可是，如果这样做，他们一定会恨死我，搞不好会联合起来对付我，他们都不好惹。这样也不行，那样也不行，真不知道该怎么办。

_____

_____

_____

6. 我是个很看重朋友的人，可以为朋友两肋插刀。只要朋友有需要，即使在准备考试的时候，我也会放下功课去帮他们。可是，从小学到中学，朋友一直让我失望。当我需要帮助时，他们个个视而不见，让我自生自灭，我的付出根本没得到应有的回报(紧握拳头)。

_____

_____

_____

7. 老师，我讨厌自己这么瘦小。班里有几个高大的同学经常欺负我，每次下课都让我帮他们去小卖部买东西，我心里很不乐意，但又怕得罪他们，只好默默忍受。但他们最近越来越过分，我真的快受不了了，不知道该怎么办。

_____

_____

_____

附录2：咨询员技术评定量表

共情量表			
1.0　　　1.5	2.0　　　2.5	3.0　　　3.5	4.0
帮助者没有专注与倾听求助者的语言与非语言行为，因此回应的内容是一种不相关的或伤害性的反应，不能反映求助者表面或隐含的信息和情感，对求助者问题的探讨没有帮助。（如果正确表达来访者所说的内容，则层次可升高一些）	帮助者回应的内容只表达了求助者所表达情感的一部分，而且反映的情感只是求助者表面的想法与感觉，并非关键性的感觉，因此对求助者问题的探讨帮助不大。（如果正确表达来访者所说的内容，则层次可升高一些）	帮助者回应的内容，能够完全反映求助者的想法与感觉，没有缩减或过度推论来访者表达的内涵，不过无法反映求助者深层的感觉。（内容不是必要的，但是如果谈到则一定要正确，如果内容不正确则层次稍低）	帮助者回应的内容，能够反映来访者未表达的深层想法与感觉。这种回应，可以协助来访者觉察与体验先前无法接受或未觉察到的内在情感。（内容表达可用来增加深层的意思，如果内容表达不正确，则层次稍低）

尊重量表

1.0	1.5	2.0	2.5	3.0	3.5	4.0
帮助者很明显不尊重求助者，把自己的信仰和价值观强加在求助者身上，操弄二人间的谈话，认为求助者所谈的内容都没有价值，并且没有办法改善自己，求助者觉得帮助者所谈的内容和自己想谈的内容不同，不想再继续谈下去		帮助者疏远求助者，不想建立助人的关系，忽略来访者所说的话，并且以机械的方式回答问题，这种反应容易结束会谈		帮助者愿意建立二人之间的助人关系，认为求助者是一个有价值的人，求助者能够自己思考表达，并且会积极改善自己的问题而不对求助者做"好像的判断"		帮助者愿意冒受对方伤害之险，主动建立起与求助者之间的关系，使求助者感觉到自己是有价值的，因而双方的交谈变得更深及更自由

真诚量表

1.0	1.5	2.0	2.5	3.0	3.5	4.0
帮助者隐藏自己的感觉，或者以沉默来惩罚求助者		帮助者以自己的感觉来反应，他的反应符合他所扮演的角色，但不是他自己真正的感觉		为了增进二人间的关系，帮助者有限度地表达自己的情感，但不表达有碍关系建立的情感		无论是好的或是不好的感觉，帮助者都以口语或非口语的方式表达出来。经由这些情感表达，双方的关系变得更好

专注与倾听量表

1.0	1.5	2.0	2.5	3.0	3.5	4.0
帮助者表现出不同意的表情或没有兴趣的样子,在和求助者谈话时,身体远离求助者,和求助者没有眼神接触,转开了头或者在做别的事情		帮助者姿势及表达上没有不感兴趣的感觉,与求助者有一定的眼神接触,但是反应与声音是机械式的		帮助者能与求助者维持良好的眼神接触,对求助者的谈话注意而且感到兴趣,并能以自己的语言与非语言行为和求助者的情绪相配合		帮助者身体稍微向前倾向求助者,专心听求助者的谈话,使求助者觉得自己被接纳,帮助者不但能不断注意自己语言与非语言行为的适当性,而且能敏感察觉求助者的语言与非语言行为

第三节 教师管理评价工具

一、课堂问题行为核查表

(一)概念界定

课堂问题行为是一个广泛而模糊的概念,它一般运用于教育领域,主要倾向于从教师的角度来界定。国外关于课堂问题行为的定义关注课堂行为对课堂规则或秩序的破坏及对教师教学、情绪的影响。如劳伦斯等[1]把那些严重干扰教学进程,或者严重扰乱课堂正常秩序

---

[1] Lawrence, J., Steed, D., & Young, P. *Monitoring teachers' reports of incidents of disruptive behaviour in two secondary schools: Multidisciplinary research and intervention.* Educational Studies, 1983, 9, 81—91.

的行为称为课堂问题行为。国内学者在定义课堂问题行为时，除了考虑其对教学、教师情绪的影响，还把对学生的影响纳入其中。如张大均[①]将其定义为与课堂行为规范和教学要求不一致，影响正常课堂秩序及教学效率，并给教师教学、学生学习带来消极影响的课堂行为。结合国内外的观点，有研究者认为[②]课堂问题行为是指发生在课堂教学中的，违反课堂行为规范和教学要求，影响正常课堂的教学秩序、教师教学、自身及他人学习，并给教师教学和学生学习带来消极影响的课堂行为。在这里，学生的课堂问题行为不仅包括指向于他人的扰乱性行为，也包括指向于学生自身、影响自身学习的课堂行为，如上课走神、不专心听讲等。

(二)问卷结构

小学生课堂问题行为分为 10 类，分别为：走神、嘲笑别人、多动、随便说话、不参与合作、不跟随任务、妨碍他人、不服从、情绪失控、退缩。每种问题行为的界定参见附录。以上 10 类问题行为按照指向性进行划分，走神、多动、不跟随任务、退缩归为指向自我的问题行为；而情绪失控、不服从、嘲笑别人、随便说话、不参与合作、妨碍他人为指向他人的问题行为。

(三)施测与计分

小学生课堂问题行为核查表适用于小学生课堂问题行为的核查，研究中采用此核查表时，根据统一规定的指导语进行团体施测。

小学生课堂问题行为核查表以填空题的形式进行，计分时根据被试的回答进行分类编码，随后根据相应的实验目的进行统计分析。

---

① 张大均主编. 教育心理学. 北京：人民教育出版社，2005.
② 张彩云. 小学教师对学生课堂问题行为的认知与应对. 北京师范大学博士学位论文，2004.

（四）信效度分析

研究者选取了北京、河北和山东 3 个地区的 18 名小学教师进行访谈，其中男教师 2 名、女教师 16 名，访谈对象涉及语文、数学、科任等多个学科的教师，年龄从 22 岁至 45 岁。根据访谈结果整理出 10 类普遍的学生课堂问题行为，编制了《小学生课堂问题行为核查表》。随后选取了北京、湖北、河南、山西等地 27 所学校的 550 名小学教师，有效被试 527 名填写此问卷，教师提到的课堂上普遍发生的问题行为均涵盖了所列的 10 类问题行为。这表明该问卷具有良好的信效度。

附录：学生课堂问题行为核查表

指导语：这是一项有关小学生课堂问题行为的调查，课堂问题行为指的是在课堂教学中发生的、干扰课堂教学活动、妨碍自身和他人学习、给身心健康发展带来消极影响的课堂行为。下面列举了课堂上发生的 10 类问题行为，请您认真阅读这些行为的表现特点，然后回答后面的问题。

注意：只需填写问题行为的英文字母序号即可，每条横线上填一个序号。如果没有包括您发现的课堂上的问题行为，请在后面写出，并写清具体表现。谢谢！

课堂问题行为的类型及表现

序号	类型	具体表现
A	走神	1. 注意力不能集中在学习内容上，不知道老师在讲什么 2. 只是安静地坐着，想着其他的事情，比如做"白日梦"
B	嘲笑他人	1. 当其他同学发言，完成老师的任务时，讥笑同学，如说"真笨" 2. 用鄙夷的眼光或不屑的语气表示对同学的否定，看不起别人

续表

序号	类型	具体表现
C	多动	1. 在座位上动来动去，弄出声响，影响他人听讲 2. 在课桌上或抽屉里玩东西，影响自己听讲 3. 随便下座位
D	随便说话	1. 不能倾听他人的发言，用无关的话打断他人发言和教师讲课，影响教学进行 2. 自己或与其他同学说些与课堂学习无关的话，比如说笑、乱接话茬儿
E	不参与合作	1. 在小组学习时，不参与，自己玩 2. 不关心小组的荣誉，不去为小组的学习结果付出努力 3. 小组学习时，说些与讨论内容无关的话
F	不跟随任务	1. 不带学习用品，自己做自己的事 2. 动作慢，不能紧跟老师的要求 3. 不能按时完成课堂上的学习任务
G	妨碍他人	1. 老师讲课时，用各种方式有意地影响他人听讲或学习，如拿别人桌上的东西、在别人的书上乱画、拉扯别人等 2. 自习课上或写作业时影响他人
H	不服从	1. 不愿遵守课堂规则，不能听从老师的管理，爱无理狡辩 2. 不愿承认和改正错误，如指责他人、推卸责任
I	情绪失控	1. 遇到挫折或者不满意的事，无法控制自己的情绪，爱哭闹 2. 和他人在上课时发生冲突，攻击别人，如打架
J	退缩	1. 上课紧张，害怕发言，很少主动举手发言 2. 常常自己安静地坐着，不参与课堂活动，很少和同学讨论 3. 上课时很少提问，也很少和老师交流

1. 在您现在所教的班级中，您是否觉得课堂上花了过多的时间来处理学生的课堂问题行为？

(1)是　　　(2)否

2. 以一节课 40 分钟计算，您处理学生课堂问题行为的时间大约为_____

分钟。

    3. 您觉得课堂上发生最普遍的课堂问题行为是 _____

    4. 您觉得最难解决的课堂问题行为是_____

    5. 您觉得对学生的发展影响最严重的课堂问题行为是 _____

    6. 您最不能容忍的课堂问题行为是 _____

    7. 您觉得班上经常表现出课堂问题行为的人数是____人,其中男生____
人、女生____人。

    8. 男生表现出的最普遍的课堂问题行为是_____

    9. 女生表现出的最普遍的课堂问题行为是_____

    10. 在您现在的班上,其课堂问题行为最让您头疼的学生性别是:

        (1)男   (2)女

        该生的课堂问题行为是_____(可多选)

    11. 您最希望解决的课堂问题行为是 _____

    12. 您在解决学生的课堂问题行为时是否遇到过困难?

        (1)是   (2)否

    13. 您觉得在解决学生的课堂问题行为时遇到的最大困难是

        (1)找不到有效的方法   (2)不了解学生心理   (3)家长不配合

        (4)缺乏相关培训和指导   (5)其他

    14. 如果在您的课堂上学生有其他的问题行为,请在下面写出,并进行具
体描述。

二、教师教育方式问卷

(一)概念界定

    教师的教育方式是指教师在教育、教学活动中所表现出来的特定
行为模式,涉及教师如何与学生交往、如何对待学生的要求、如何管
理学生以及怎样运用奖惩等方面。教育方式是对教师各种行为特征的

概括，是一种相对稳定的行为风格①。从教师与学生互动所涉及的多方面因素入手，可以将教师的教育方式从四个维度分析：民主性、专制性、放任性和溺爱性②。

(二)问卷结构

教师教育方式问卷包括教师的民主性、专制性、放任性、溺爱性四个维度，共 16 个项目。各维度的含义及对应项目如下。

民主性 是指教师在其教育、教学过程中，与学生共同讨论、做决策，尊重学生、参与学生的活动，视自己为学生集体中的一员。包含项目 1、6、9、10、14，共 5 个项目。

专制性 是指教师是整个集体的决策者，教师决定班级的一切事务，忽视学生的主体地位。包含项目 3、5、13，共 3 个项目。

放任性 是指教师对学生、教学完全不加控制，也不参与学生的活动，任由学生自己决定活动内容和进行方式。包含项目 2、7、8、11，共 4 个项目。

溺爱性 是指教师过分关注学生，对学生表现出过分宽容，一味迎合学生。包含项目 4、12、15、16，共 4 个项目。

(三)施测与计分

该问卷适用于中学教师教育方式的测查。施测时采用统一的指导语，以团体施测的方式进行。分为六个等级，从"完全不赞同"到"完全赞同"，得分越高表明在这一维度上的倾向性越高。

---

① 李琼，申继亮，辛涛．中学教师教育方式的类型研究．课程·教材·教法，1999，10，48—51.

② 程巍．中学教师的教育方式及其与学生观的关系研究．北京师范大学硕士学位论文，2000.

（四）信效度分析

编制者[①]选取了北京市重点、一般、较差三类中学各一所，共计216名中学教师为被试。分析结果表明，民主性、专制性、放任性、溺爱性四个分维度的内部一致性系数分别为 0.68、0.52、0.73、0.49，除溺爱性维度达到 0.01 显著性水平外，其他三个维度均达到 0.001 显著性水平。

因素分析结果显示四个因素的累积贡献率为 46.65％，一定程度上反映了该问卷具有较好的构想效度。

附录：教师教育方式问卷

指导语： 下面是教师在教育学生时所持有的一些观点。请根据您的实际情况表明您赞成这些观点的程度。例如，如果完全赞同，就选择"6"；如果完全不赞同，就选择"1"；并用"○"画出相应的数字。

注意： ①答案无正确与错误之分。②我们将对您的答案绝对保密。

谢谢您的合作！

	完全赞同	基本赞同	有点赞同	有点不赞同	基本不赞同	完全不赞同
1. 在处理与学生有关的事情时，教师应当耐心地给他们说明理由。	6	5	4	3	2	1
2. 教师没有必要对学生进行严格要求，因为学习是学生自己的事情。	6	5	4	3	2	1
3. 应该让学生明白，在学校就应当按照教师说的去做。	6	5	4	3	2	1
4. 尽管有时学生的要求显得过分，但教师也应该尽量满足他们。	6	5	4	3	2	1

---

① 本问卷由李琼(1999)自编，程巍(2000)进行了修订，本文以程巍(2000)修订版为准.

	完全赞同	基本赞同	有点赞同	有点不赞同	基本不赞同	完全不赞同
5. 对学生来说，惩罚会起到立竿见影的效果。	6	5	4	3	2	1
6. 尽管学生年龄不大、懂的不多，但在做出与学生有关的决定时，教师应当征求他们的意见和想法。	6	5	4	3	2	1
7. 班级内的任何事情，应该让学生自己去处理，教师没有必要过问。	6	5	4	3	2	1
8. 教师的任务就是备课讲课，至于学生学不学，我不管。	6	5	4	3	2	1
9. 在批评和惩罚学生时,教师应听取他们的意见和辩解。	6	5	4	3	2	1
10. 教师应该经常与学生交流，鼓励学生自由发表意见，发挥他们的积极主动性。	6	5	4	3	2	1
11. 上课时，没有必要维持课堂秩序，"我讲我的，学生听不听无所谓"。	6	5	4	3	2	1
12. 班级内大小事情，都应有教师事先为学生仔细想好。	6	5	4	3	2	1
13. 教师更多地应该是以知识权威者的形象出现，而学生更多地应该是以学习顺从者的形象出现。	6	5	4	3	2	1
14. 在批评和惩罚学生时，教师应采用说理的方法来教育他们。	6	5	4	3	2	1
15. 教师为学生做值日，是无可厚非的。	6	5	4	3	2	1
16. 在大多数情况下，只要学生提出要求，教师就应该尽量满足他们。	6	5	4	3	2	1

三、教师惩罚倾向性和惩罚观念问卷

(一)概念界定

　　一般来说，教师实施的惩罚行为是由学生的过错引起的，用以终止学生的不良行为，同时阻止其他学生模仿该不良行为。但是由于惩罚行为的本身可能会造成使学生退缩或具有侵犯性、敌意泛化、模仿惩罚行为本身、人际关系疏离等负面后果，所以心理学家对于教师的惩罚行为提出了一些准则：尽量少用惩罚、不要将增加学习负担作为惩罚的方法、不要当众惩罚和集体惩罚、绝对不可以使用体罚，等等。有研究显示，教师的惩罚倾向性是可以通过认知和情感的学习而得到改变的[①]。

(二)问卷结构

教师惩罚倾向性和惩罚观念问卷由三部分构成。

第一部分： 教师基本情况问卷，包括学校、性别、年龄、教龄、学历、职称、是否担任班主任等教师个人情况资料。

第二部分： 惩罚倾向性问卷由 15 个项目构成，对应问卷中的1～15题。该部分问卷共有四个维度，各维度及对应项目如下：

第一个维度 行为的倾向性，包括采取体罚、言语惩罚、通过家长间接惩罚等多种惩罚形式的使用倾向性，包括 1、7、8、9、10、11题，共 6 个项目。

第二个维度 观念的倾向性，即对惩罚的态度和观念，包括 2、3、5、13题，共 4 个项目。

第三个维度 原因的倾向性，主要是指教师因为学生管理困难而采用惩罚手段的倾向性，包括 11、14、15题，共 3 个项目。

第四个维度 事实的倾向性，从教师自身和现实角度描述教师惩罚行为的频率和区分标准，包括 6、12题，共 2 个项目。

第三部分： 惩罚观念问卷，由 15 个项目构成，对应问卷中的16～30题。每个项目都是一句关于教师惩罚行为的陈述句。该部分问卷共有四个维度，各维度及对应项目如下：

第一个维度 惩罚行为的差异现象，包括 16～20题，共 5 个

---

① 杨庆．关于小学教师惩罚行为的研究．北京师范大学硕士学位论文，2001.

项目。

第二个维度 教师对惩罚行为的态度,包括 21、22 题,共 2 个项目。

第三个维度 引起学生问题行为的原因,包括 23、24 题,共 2 个项目。

第四个维度 影响惩罚行为的因素,包括 25～30 题,共 6 个项目。

(三)施测与计分

该问卷适用于小学教师惩罚倾向性和惩罚观念的测查。施测时采用统一的指导语,以集体施测的方式进行。

第二部分采用 5 点计分法,从"完全不符合"到"完全符合",分别为 1～5 分。分数越高,表明惩罚的倾向性越强。

第三部分采用 5 点计分法,从"完全不符合"到"完全符合",分别为 1～5 分。统计时,将答案选项 1、2 合并为"不同意",将答案选项 3、4、5 合并为"同意",分别计算同意率和不同意率。并分别计算被试整体在四个维度上的平均同意率和个体在四个维度上的同意率,可以对被试整体及个体的教师惩罚观念做描述性统计。

(四)信效度分析

编制者[①]在苏州市选取了 4 所小学共计 186 名教师作为被试。分析结果显示: 该问卷项目之间具有较高的独立性,KMO 检验结果为 0.83。

---

① 杨庆.关于小学教师惩罚行为的研究.北京师范大学硕士学位论文,2001.

附录：教师惩罚倾向性和惩罚观念问卷①

指导语：这是一项关于教师教育方式的调查研究，我们想了解您的一些看法。本调查采用匿名制，您的回答仅作研究之用，我们保证为您保密，请您不要有任何顾虑，告诉我们您最真实的想法。

本调查共有 30 个问题，请根据您的真实想法对每个问题做出回答，并将相应的答案选项填写在题号前的括号内。

本调查共有 5 个答案选项，它们的意思分别是：

"1"表示该题所说的情况与您自己的情况或看法完全不符合；

"2"表示该题所说的情况与您自己的情况或看法相当不符合；

"3"表示该题所说的情况与您自己的情况或看法基本符合；

"4"表示该题所说的情况与您自己的情况或看法相当符合；

"5"表示该题所说的情况与您自己的情况或看法完全符合。

请在阅读每题后选择一个适当的数字并填写在题号前的括号内。谢谢您的合作！

请务必填写以下内容：

年龄＿＿＿＿＿　　教龄＿＿＿＿＿＿　　学历＿＿＿＿＿＿　　职称＿＿＿＿＿＿

所教学科＿＿＿＿＿　周课时数＿＿＿＿　现在是否担任班主任＿＿＿＿＿

（　　）1. 在家庭教育中可以采取打或骂的方式。

（　　）2. 理论上所提倡的与学生平等相处在实践中不大行得通。

（　　）3. 对小学生实行体罚或变相体罚虽然是错误的，但有时却有必要。

（　　）4. 因为小学生年龄小，还不太懂事，所以一般性的惩罚不会造成很大的心理伤害。

（　　）5. 教师之所以对极少数差生毫无办法，原因之一就是教师不能对他们进行体罚。

_____

① 调查时用教师教育观念问卷作题目，以避免教师回答问题时的社会赞许性。

（　）6. 我觉得目前在区分正当惩罚和不正当惩罚方面并没有什么严格的
标准。

（　）7. 采用某种行为措施惩罚学生比仅仅使用语言更有效。

（　）8. 让不守纪律的小学生在教室里罚站 5 分钟左右是可以的。

（　）9. 我认为，借家长的手处罚学生也是一种相当有效的办法。

（　）10. 取消不守纪律的小学生的游戏时间是可以的。

（　）11. 我所教的学生中总是有几个人软硬不吃，我采取的任何教育措施都
无法对他们产生影响。

（　）12. 诚实地说，在我的教师生涯中曾至少使用过一次体罚或变相体罚。

（　）13. 我觉得学校对体罚或变相体罚的严厉禁止会使教师变得软弱无能。

（　）14. 最近一段时期，在教学中我常常因为学生不听话而产生挫折感。

（　）15. 现在的学生比以前更难管理。

（　）16. 小学中主课教师比副课教师更多地惩罚学生。

（　）17. 小学中副课的课堂纪律普遍比主课差。

（　）18. 小学中年轻教师比年长教师更多地采取惩罚性教育手段。

（　）19. 一般来说，小学里女教师比男教师更严厉。

（　）20. 在我惩罚过的学生中，男生的比例高于女生。

（　）21. 不管怎么说，对小学生的不良行为进行惩罚是必要的。

（　）22. 从效果上说，奖励和惩罚并没有绝对的好与坏。

（　）23. 班级规模太大是导致出现纪律问题的一个重要原因。

（　）24. 学校对个别差生没有进行严厉处理，也是导致学生出现问题的一个
原因。

（　）25. 我在惩罚学生时会考虑到学生的家庭背景。

（　）26. 我处罚学生的程度和方式受我当时心情的影响很大。

（　）27. 如果同事都评价我对学生太好说话，我认为这其实是一种委婉的
批评。

（　）28. 我对学生过错行为的处理受自己个性的影响很大。

（　）29. 与其他的错误行为相比，学生不尊重教师是最让我生气的。

（　）30. 我惩罚学生时，常因为怕被学校或家长误解为体罚或变相体罚而会
有一些顾虑。

第四章
教师评价工具(二)：教师内在素质评价

根据教师评价内容的金字塔模型，教师内在素质主要包括：资源系统、自主发展系统和动力系统三种成分。本章重点介绍这三个方面的相关评价工具。

第一节　教师资源系统评价工具

一、教师职业知识测验

(一)概念界定

教师知识指教师在特定的教育教学情境中解决问题时所具备的科学文化知识[①]。它包括各种文化科学的基础知识、专业学科知识、教育科学和心理科学知识。另外，教师在长期的教学工作中不断探索，总结出一套行之有效的情境知识和解决难题的知识[②]。从知识功能的角度出发，可以把专业科学知识看做是教师成功地进行教育教学的本体性知识，教育科学和心理科学知识则是教师成功地进行教育教学的

[①] 李琼. 数学教师的教育专长：职业知识的探讨. 北京师范大学硕士学位论文，2000.

[②] 衷克定，申继亮，辛涛. 论教师知识结构及其对教师培养的意义. 中国教育学刊，1998，3，55—58.

条件性知识。而长期教学实践形成的知识称为实践性知识。

(二)测验结构

自编的小学数学教师职业知识测验，分为本体性知识、条件性知识和实践性知识三个分测验。下面分别介绍每个分测验的含义及其项目构成。

本体性知识　指教师所具有的特定的学科知识。以数学为例，本体性知识分测验用于测量教师所具有的数学学科知识，共计 16 个项目，包含基本概念、公式的运用、应用题三个部分。其中，基本概念由 5 个项目构成，公式的运用由 8 个项目构成，应用题由 3 个项目构成。研究者也可以根据自己的研究目的编制题目来测量教师的本体性知识。

条件性知识　指教师成功教学所具备的教育科学和心理科学的知识。条件性知识分测验由 60 个项目构成，包含儿童发展、课堂互动、个体差异、成绩评估、学习理论、教学方法与策略、教学计划与目标 7 个维度。其中儿童发展包含 8 个项目，分别为项目 3、4、8、9、10、13、35、60；课堂互动包含 6 个项目，分别为项目 24、28、29、30、36、41；个体差异包含 11 个项目，分别为项目 2、5、14、23、37、38、44、46、56、57、58；成绩评估包含 9 个项目，分别为项目 6、7、15、17、25、26、27、32、33；学习理论包含 8 个项目，分别为项目 11、12、18、42、48、49、50、51；教学方法与策略包含 13 个项目，分别为项目 1、16、19、20、21、22、31、34、39、40、43、54、59；教学计划与目标包含 5 个项目，分别为项目 45、47、52、53、55。

实践性知识　指教师在教学过程中所具有的课堂情境知识和解难题知识。实践性知识分测验包括结构良好问题和结构不良问题两个方面。其中结构良好问题选取小学数学教材中《分数的认识》一课，设计了5个项目，分别考查教师对教材、学生已有水平、教学难点的理解，以及如何解决难点和巩固知识。研究者也可以根据自己的研究目的，选择其他方面的内容来考查教师解决结构良好问题的实践知识。结构不良问题由3个项目构成，选取教师在课堂教学中经常遇到的一些课堂突发事件，这些问题的发生具有特定的情境，对其解决没有既定的、现成的、统一的答案，要求教师根据自己的教育实践，并结合当前的具体情境，灵活处理，体现了教师的教育机智。

(三)施测和计分

整个测验采用团体施测的方式进行。其中，本体性知识分测验要求被试在35分钟内完成，条件性知识分测验和实践性知识分测验要求被试在50分钟内完成。

教师职业知识测验的本体性知识分测验适用于对小学数学教师知识系统的测查，条件性知识分测验和实践性知识分测验适用于对中小学教师的两类知识系统的测查。各分测验的具体计分方式如下：

本体性知识分测验满分为60分，其中基本概念15分，每道题满分为3分，根据被试的回答适当给予1分、2分或者3分；公式的运用30分；应用题15分，每道题答对计5分，答错为0分。

条件性知识分测验满分为60分，每道题答对计1分，答错为0分。

实践性知识分测验满分为60分，对于前三个问题，即教材的内容、学生的相关知识及掌握难点有较明确的答案，给予相应的分数，每道题满分为6分；对于后两道题，由于答案不是唯一的，每道题只要给出一个比较有效的方法就给予2分，但总分不能超过6分。

实践性知识分测验中的课堂突发事件评分系统，主要依据成人对不良结构问题解决的相关研究[1][2]，经过分析归纳，从对问题解决的多种信息的交互作用出发，构成了四种反应水平的评分系统。具体如下：

水平 1：被试对问题的解决纯粹是工具性的反应，带有一定的冲动性。具体表现出简单粗暴地对待，如批评、体罚、训斥、威胁；同时没有考虑到师生及其教学任务等各方面信息的交互作用，如把责任全归于学生。

水平 2：被试对问题的解决采取忽略、延缓处理的态度，认为课堂应以教学为主，一切问题留到课后处理，但这种被动、消极的反应势必会影响到课堂教学效果。

水平 3：被试对问题解决的反应比较主动，能认识到造成问题的多方面因素，冷静对待或给以暗示或引导，在不中断课堂的前提下，能计划性找寻导致问题的根本原因并解决之。如学生注意力不集中时，能使用非言语信息给予暗示。但没有认识到问题的复杂性，缺乏非常具体而又恰当的解决方法。

水平 4：被试对问题的解决考虑到课堂情境的交互作用，能综合利用课堂中的各种信息，冷静思考，尽量以课堂任务的达成为重，并能考虑到学生的自尊心等多方面的信息，采取切实可行的多种手段，艺术化、巧妙、机智、颇为得体地解决问题。处于此水平的教师，不把责任仅仅归于学生，能自觉有意识地监控教师本身在教学中的情况，例如，是不是没有调动学生的积极性、没有引起学生的兴趣等。

评分规则：

①评分者必须熟练掌握评分系统及评分标准，被试每解决一个问

---

① Labouvie-Vief G et al. *Age, ego level, and the life-span development of coping and defense processes.* Psychology and Aging, 1987，2，286—293.

② 周建达，鲁志鲲，申继亮，林崇德. 教师解决结构不良问题策略的发展研究. 心理科学，1995，18(3)，141—143.

题，将获得一个分数，该分数能反映他的问题解决水平，为保持与总分的一致，四种水平的分数分别为 2.5、5、7.5、10。

②被试解决的每一个问题，由两个评分者评定，有争议处通过第三个评定者重新评定。

③若被试在一个问题解决中表现出多个水平，则按最高水平计分。

(四)信效度分析

研究者在北京的 12 所小学中选取了 110 名小学数学教师，其中有效被试 97 名。研究者对测验的信度进行了考查。本体性知识分测验中基本概念、公式的运用、应用题三个维度的内部一致性系数分别为 0.76、0.75、0.84；条件性知识分测验中儿童发展、课堂互动、个体差异、成绩评估、学习理论、教学方法与策略、教学计划与目标 7 个维度的内部一致性系数分别为 0.81、0.79、0.70、0.78、0.76、0.85、0.79；实践性知识分测验的评分者一致性信度为 0.82。其结果表明编制的教师职业知识测验具有良好的信度。

附录1：本体性知识分测验

指导语：以下是关于您在教学方面的一些数学问题，请根据每一大题的具体要求进行回答。

注意：①要求独立完成，不能看任何参考书。②本问卷仅作为教育研究之用，我们将对您的作答绝对保密。

谢谢您的合作！

您的姓名 _____   性别 _____   年龄 _____   教龄 _____

职称 _____   学历 _____   所教科目 _____   所教年级 _____

所在学校名称 _____

一、请用简单明了的语言解释下列概念

1. 自然数 _____

2. 约数 _____

3. 整除 _____

4. 分数 _____

5. 质数 _____

二、请计算下列各题(要求列式及写出计算过程，并把正确答案写到后边的括号里)

1. 最大的三位数是最小的四位数的多少倍？　　　　　　　　（　　）

2. 3/5 的分数单位与 0.07 的小数计数单位的差是多少？　　（　　）

3. 现有 50% 的酒精溶液 200 升，若将其变成含 10% 的酒精溶液，需要加水多少升？　　　　　　　　　　　　　　　　　　　　（　　）

4. 一个正方体的体积为 216 立方米，那么它的表面积是多少？　（　　）

5. 在 3/7 和 0.45 两个数中，较大的数是较小的数的多少倍？　（　　）

6. 用一根 12 米的铁丝焊成一个最大的正方体模型，这个正方体的体积是多少？　　　　　　　　　　　　　　　　　　　　　　（　　）

7. 小红有一个装满衣服的壁柜，她有 8 件绿色的衣服、5 件白色的衣服、3 件红色的衣服、2 件蓝色的衣服，因为这间房子很暗，她看不见每件衣服的颜色，她想取两件相同颜色的衣服，她在取多少件衣服时才能保证其中至少两件一定是相同颜色的？　　　　　　　　　　　　　　　　　　　（　　）

8. 在一次降价售物中，如果在零售中购三件物品就可以用 1 元钱来购买第四件物品，如果某人买了 12 件单价为 10 元的衣服，那么，他在这次购物中可以省多少钱？　　　　　　　　　　　　　　　　　　　　　　（　　）

三、应用题

1. 某工程队修一条公路，已经修了全长的 2/5，如果再修 70 千米，就恰好修了全长的一半，请问这条公路全长多少千米？

2. 有两箱桔子，第一箱比第二箱少 10 千克，如果第一箱卖出 2 千克，这时第一箱的桔子重量相当于第二箱的 3/4，请问第二箱原有桔子多少千克？

3. 一书架有两层，共有书 64 本，如果将第一层的 1/5 放到第二层，则两层的本数相等，请问第二层原有书多少本？

附录2：条件性知识分测验

指导语：这是一份有关教育方面的调查问卷。请根据您的看法，从每道题目的选项中选出相应的答案，并在上面打"√"。

注意：①每题只有一个正确答案。②要求独立完成，不能看任何参考书。③本问卷仅作为教育研究之用，我们将对您的作答绝对保密。

谢谢您的合作！

您的姓名 _____ 性别 _____ 年龄 _____ 教龄 _____

职称 _____ 学历 _____ 所教科目 _____ 所教年级 ____

所在学校名称 _____

1. "小明，你的功课有很大进步"这是一句典型的教师评语，它倾向于：

A. 使儿童在同学面前显得很尴尬　　B. 使儿童获得自信

C. 显示出教师的权威　　　　　　　D. 使儿童感到不被关注

2. 阅读较好的学生往往：

A. 很文静　　　　　　　　　　　B. 让老师和家长高兴

C. 对阅读材料感兴趣　　　　　　　D. 很内向

3. 在教育研究中，使用横向研究而非纵向研究，当：

A. 研究对象数量缺乏　　　　　　　B. 家庭变迁

C. 家庭成员角色改变　　　　　　　D. 缺乏儿童的合作

4. 儿童出生后，学习能力逐步增长，到(　　)岁达到顶峰，然后慢慢开始减退。

A. 1　　　　　　B. 5　　　　　　C. 10　　　　　　D. 20

5. 在学业表现上，超常儿童与一般儿童的最大差异之一是：

A. 开始学习阅读材料时的年龄　　B. 身体重量差异

C. 性格的内向性 D. 精力水平

6. 王老师不希望数学测验的结果受到差生的影响,她应该:

A. 使用平均分数 B. 去掉低水平分数

C. 使用中数 D. 使用好学生的分数

7. 在一次数学测验中,六年级男生获得如下分数:42、44、47、47、50、56、54,这组数中的中数为:

A. 47 B. 44 C. 45.2 D. 50

8. 同卵双生子在发展中的主要差异是由于:

A. 性别差异 B. 父母对待不同

C. 环境影响 D. 学校经验

9. 对差生来说,将受到的最不利的影响是:

A. 被同伴拒绝 B. 被父母冷落

C. 留级 D. 儿童的自我概念降低

10. 对儿童影响最大的是:

A. 学校环境 B. 同伴

C. 家庭环境 D. 社会环境

11. 最简单的学习形式是:

A. 领悟 B. 尝试错误

C. 操作性条件反射 D. 经典条件反射

12. 如果学习被定义为有机体与环境的相互作用,那么很明显:

A. 学习在出生以前便开始

B. 学习开始于出生后6个月

C. 学习在婴儿期不能发生

D. 学习在儿童学会说话前不能发生

13. 母亲对儿童社会化的帮助,通过:

A. 惩罚儿童的错误行为 B. 忽视不成熟行为

C. 强化其理想行为　　　　　　　　D. 增强其情感反应

14. 小明在六年级的阅读成就测验和创造力测验中表现出高成就和高创造，但在一次群体智商测验中，他获得的智商为 90，小明的情况说明这次测验：

　　A. 有效　　　　B. 可靠　　　　C. 不充分　　　　D. 无效

15. 教师自编的数学测验：

　　A. 若能测到所要测的东西便有效　　　B. 若有效，便可靠

　　C. 不能接受　　　　　　　　　　　　D. 在重测的基础上有效

16. 小波在数学上学得很糟，老师决定让他留级，这将会：

　　A. 激发其学习的动机　　　　　　　B. 降低抱负水平

　　C. 提高其自信心　　　　　　　　　D. 增强儿童的竞争性

17. 如果记忆也是学习的一种形式，那么教师应使测验能测量出下面哪些能力？

　　A. 理解力　　　　　　　　　　　　B. 批判性思维

　　C. 回忆　　　　　　　　　　　　　D. 创造性思维

18. 能使学生记住所学知识的最好方法是：

　　A. 机械记忆　　　　　　　　　　　B. 练习

　　C. 学生之间的相互竞赛　　　　　　D. 使用生动、活泼的教材

19. 在数学课上，李涛经常性地扰乱课堂秩序，教师应：

　　A. 让他留级　　　　　　　　　　　B. 将其赶出教室

　　C. 奖励他的良好行为　　　　　　　D. 将其交给校长处理

20. 小刚上课经常提前完成作业，之后就搬弄桌椅，打扰周围同学学习，教师帮助他可通过：

　　A. 给他布置附加作业

　　B. 在作业上给予低分

　　C. 给他换座位

　　D. 指出他的能力，并给予特别任务

21. 在管理学生时，心理学家强调：

A. 不能使用惩罚
B. 使用奖励最有效

C. 奖励不太有效
D. 及时强化在学习中最有效

22. 在小学低年级中，儿童的创造性经常不被鼓励，当小刚对一项发明产生浓厚兴趣时，老师可以通过以下哪一项来鼓励其创造性？

A. 积极强化这样的行为
B. 将小刚置于特殊的培养中

C. 忽略他的兴趣
D. 提高其学习成绩

23. 对残疾儿童的研究表明，他们在个性方面出现的问题与以下哪一项有关？

A. 性别
B. 身体的某部分缺陷

C. 他人的看法
D. 缺乏自信心

24. 在一项实验中，教师被告知一组学生的测验成绩高于平均水平，那么：

A. 教师带着很高的希望来对待这些学生，学生表现变好

B. 教师带着很高的希望来对待这些学生，学生表现无变化

C. 教师对待学生无变化，学生表现也无变化

25. 小芳以前做了一次智力测验的分数为103，近几天又做了一次，分数为99，由此可推断出：

A. 小芳的智力下降了
B. 小芳的第二次智力测验没有努力

C. 两次测验的分数差异显著
D. 两次测验的分数没有显著性差异

26. 学生的测验分数被歪曲，可能是由于：

①情感变量(高兴、忧伤)　②焦虑　③身体变量(睡眠不足或生病)
④环境(地方陌生、噪声等)

A. ①②③
B. ①②④

C. ②③④
D. ①②③④

27. 学生在百分等级测验中的得分为60，这说明：

A. 有60%的学生的测验得分高于该生

B. 有60%的学生的测验得分低于该生

C. 该生答对了60%的题目

D. 该生答错了 60% 的题目

28. 在课堂上运用表扬:

A. 要有限制

B. 应该大量使用,因为目前对学生的表扬不太多

C. 只要学生某件事做得好,就应该表扬

D. 以学生每天的行为表现为标准,每天发现一些值得表扬的事

29. 提问最好是:

A. 先提问,后让学生回答　　　　B. 先指定某一学生,然后再提问

C. 尽可能多,以引发学生的思考　D. 在课堂纪律不好时运用

30. 在课堂活动中,有时需要学生安静,有时需要学生活跃,在课堂中确定学生的行为不当时,你是依据:

A. 该生在此之前,这种行为出现的频率

B. 该生是否在他的座位上

C. 学生声音的大小

D. 是否对其他学生有影响

31. 关于教学方法,对教师来讲,最重要的是:

A. 应该发现一种适合自己风格的教学方法

B. 尝试运用所有各种各样的教学方法

C. 认识到没有一种方法适用于所有学生

D. 学习优秀教师的经验,然后照搬到自己的教学中

32. 一位四年级教师对学生进行了一次数学测验,发现他们不知道如何算两位数的乘法,然后准备讲解这些题目,在这个过程中,测验用于:

A. 诊断　　　　　　　　　　　B. 测查成绩

C. 评定等级　　　　　　　　　D. 筛选

33. 你想测查学生是否知道各个朝代的皇帝是谁,应采用:

A. 多项选择题　　　　　　　　B. 填充题

C. 匹配题　　　　　　　　　　D. 正误题目

34. 了解学生的最好途径是：

A. 经常性地非正式接触和交谈　　　B. 班级活动

C. 考试成绩　　　　　　　　　　　D. 长期做记录

E. 与其他教师讨论

35. 与男孩相比，女孩进入青春期的时间：

A. 晚于男孩一年　　　　　　　　　B. 与男孩相同

C. 早于男孩两年　　　　　　　　　D. 早于男孩一年

36. 权威型教师在班级中会对儿童产生不利影响，因为大多数时间里，他倾向于：

A. 关心自己的地位　　　　　　　　B. 惩罚学生

C. 鼓励机械学习　　　　　　　　　D. 自私

37. 教师在教学中应考虑到小学生间的个体差异，主要表现在：

A. 智力差异　　　　　　　　　　　B. 阅读能力的差异

C. 数学推理能力的差异　　　　　　D. A B C

38. 刘老师在一所实验小学教五年级数学。他鼓励学生在做家庭作业时，由二三人组成小组进行学习，以此可以互相解答问题。刘老师很快注意到，尽管要求他们进行小组学习，但某些学生还是选择单独学习；同时也注意到，尽管小组的大部分学生在按要求学习，但有一些学生却很容易分散精力，对于学生的这些行为，如下最可能的解释是：

A. 五年级的学生无论在生理还是在心理发展水平上，都不能进行小组学习，这种学习方式更适合年龄大一点的学生

B. 五年级的学生在生理发展和成熟性上的变化比较大，这种变化影响了学生的兴趣和态度

C. 五年级的学生缺乏内控的能力，因此他们在有组织的环境中将会学得最好

D. 刘老师应对学生行为的期望阐述得更具体一些

39. 王老师想鼓励全班同学参与一项数学在生活中的实际应用的讨论，但班里有5位学生很害羞、很内向，下面哪种方法最可能鼓励他们积极参与到讨

论中来?

A. 每天至少让这些学生在班上发言一次，并给予一个参与的分数

B. 不应该为这些学生担心，因为随着年龄的增长，他们会逐步变得外向一些

C. 为便于讨论，应将全班学生分成几个小组，这样，这些学生就不会因当着全班同学的面发言而胆怯

D. 应单独与这些学生谈谈，鼓励他们在班级讨论中更积极地参与

40. 张老师想让五年级的学生辅导一年级的小同学学习加减法，对于五年级的学生来说，其主要优点是：

A. 这将会提高他们对知识掌握的熟练程度和自尊

B. 这将会激励他们有可能把教学作为未来的职业

C. 将会学到一些具体的教学技巧

D. 将会有一个机会与这些小同学成为朋友

41. 下面哪一个教师正在提高学生的学习动机?

A. 张老师向学生许诺，如果到周五上午为止，他们都完成了写作任务，她将在周五下午向学生提供半个小时的自由时间

B. 王老师把历史事件描述得绘声绘色，以至于在整堂课中，把学生深深地吸引住了

C. 数学课上，刘老师告诉学生，她对上次考试中的表现已经失望到极点了

D. 每当学生取得了一个比较好的分数，李老师就会给学生的家长发一封贺信

42. 假如你想帮助学生提高其阅读技能，从归因理论看，你应该：

A. 强化那些在阅读方面表现良好的学生

B. 惩罚那些具有阅读能力但不进行阅读练习的学生

C. 帮助学生意识到，通过努力和实践，他们能提高阅读能力

D. 提醒学生阅读对今后人生的成功很重要

43. 当老师与一名学生的家长就其长期的不良行为问题商谈时，通常用下面哪一个策略是不合适的?

A. 征求家长的意见，询问导致学生不良行为的可能原因

B. 应承认，在当前这个时代，抚养孩子是一项具有挑战性的任务

C. 对于处理不良行为，应尽力与家长就合适的策略达成一致的意见

D. 指出家长应负有一定的责任

　　张老师是希望小学的一位新老师，她所教的三年级学生，能力和家庭背景参差不齐。在准备课堂教学时，张老师决定把每节课的前一半时间用于直接教学和课堂讨论，后一半时间让学生分组合作学习。张老师希望她的学生在合作学习活动中，能用所学的数学知识去回答开放式问题(多种解决方法)和生活中的数学难题。例如，要求学生估计出瓶中黄豆的数量、做野餐的预算，或运用气象资料进行天气预报。

44. 张老师采用合作研究学习的方法进行教学，表示她认识到这一年龄阶段的学生在下列哪种教学情境中会学得较好？

A. 以每个学生的个别兴趣为基础的学习环境

B. 清楚地认识到教师对他们课堂内合作学习的期望

C. 具体实在的练习和技能训练

D. 适合于学生学习习惯的教学方式

45. 通过学习小组解决开放式问题和生活中的数学问题的学习方式，不同于解答只有一个正确答案的数学练习题，要让学生在这种教学方式中学得好，教师应教他们：

Ⅰ. 计划和组织他们的学习研究

Ⅱ. 把课堂内学到的概念与他们的个人生活经历联系起来，亲身体验用课堂上学到的知识去解决实际问题

Ⅲ. 交流推理过程和结果

Ⅳ. 找出值得研究的问题

A. Ⅰ和Ⅱ　　　　B. Ⅰ和Ⅲ　　　　C. Ⅱ和Ⅳ　　　　D. Ⅲ和Ⅳ

46. 在形成合作学习小组时，张老师试图使每一小组都包括数学能力和水平不同的学生，以下哪些是这种分组法的主要优点？

Ⅰ. 高水平的学生可通过向同伴解释难点而加深自己的理解

Ⅱ. 每一学生都以适合自己成就水平的速度学习

Ⅲ. 学生可以互相学习他人的智慧和技能

Ⅳ. 对学生的学习评价可以建立在他们的学业水平及其努力的基础上

A. Ⅰ和Ⅲ　　　B. Ⅰ和Ⅳ　　　C. Ⅱ和Ⅲ　　　D. Ⅱ和Ⅳ

47. 在开始的几周里，张老师发现很难使学生把精力集中到合作学习研究课题上去。尽管绝大多数学生在教学过程中专心听讲，但很多学生在解决开放式问题时发生了困难，他们开始着急、吵架，因而使得教室里噪声增加，课堂纪律难以维持。为此，张老师去见她的指导老师陆老师讨论课堂管理问题。陆老师建议听一节课。为了使陆老师在听课中能有效地发现问题，张老师应提供给陆老师：

A. 关于课堂管理问题的简单书面报告

B. 该节课的课堂计划（如时间、内容和教学方法的安排）

C. 按能力水平排列的学生名单

D. 整章的教案和教学活动

　　听了张老师的课后，陆老师指出学生们可能在解决开放性问题上有困难，因为他们认定解决一个数学问题只有一个正确方法。陆老师建议张老师要求学生记学习日记，以帮助学生回忆学了什么和运用了什么方法。张老师同意这种看法，于是两人一起拟订了以下提纲。把本来安排在合作学习活动之前的课堂讨论移到合作学习之后，要求学生们在学习日记中记载学了什么（或者学了但不懂）和在当天的课堂内的活动。此外，张老师将定期布置一些写作任务，让学生记录在学习日记中。写作任务有三类：

认知任务：要求学生们用自己的语言去解释数学概念（如"我认为乘法是_____"）

元认知任务：要求学生们描述解决数学问题的步骤（如"当我解决一个应用题时，我的第一步是_____"）

情感任务：要求学生们描述他们对数学的态度（如"我最喜欢解决的应用题是_____"）

每到周末，学生们把自己的学习日记交给张老师查阅。

48. 根据认知任务所写的日记，可以让学生的学习提高得益于下列哪一点？

A. 用实际例子做示范，认识到抽象概念在实际生活中的应用

B. 在实践中认识到成功地解决问题的策略及其步骤

C. 分辨哪些内容他们已经扎实地掌握了，哪些内容不太清楚，还需要额外的帮助

D. 克服对正在学的课程所持有的消极态度

49. 把本来放在合作学习之前的讨论移到合作学习之后，可以使学生的学习得益于：

A. 消化从合作学习活动中得到的知识

B. 获得老师对他们在合作学习活动中的表现的认可

C. 从小组学习成员中得到启发和反馈

D. 评价每个成员对合作学习小组的贡献

　　张老师决定把"数学在生活中的实际应用"作为她教学的一部分，她要求学生把他们在课外见到的数学问题以及数学概念在实际生活中的应用记在每周的学习日记中。在课堂讨论中，学生互相交换学习日记和图片集，互相学习。

50. 张老师决定把"数学在实际生活中的应用"作为教学的一部分，表示她认识到学习动机可以在以下哪种情况下得以提高？

A. 变化教学内容和教学活动以适应不同学生的技能水平

B. 让学生明确知道教师对他们学业成就的期望

C. 让学生认识到课堂内学到的新知识是与课堂外的生活实际联系在一起的

D. 允许学生根据他们的学习水平选择练习题

51. 要求学生利用学习日记描述他们所观察到的数学在生活中的应用，而不是列出数学的用途。这对提高学生的学习来说有什么益处？

A. 提高学生对数学与其他学科之间联系的认识

B. 激励学生找到解决日常数学问题的方法

C. 提高学生对自己学习的反思能力以及清楚地表达观察和思维的能力

D. 扩大学生知识面及正确运用语法、拼写和标点符号的能力

52. 在"数学在生活中的应用"的活动中，张老师想请家长协助他们的孩子，

以下哪些方法可以帮助她达到此目的?

Ⅰ. 在学校定期寄给家长的"学校—家长通信"中设立一个"数学园地"。在此，要求家长协助孩子，帮助孩子认识到数学在家里和家外的应用

Ⅱ. 邀请家长来校观察其孩子如何参与"数学在生活中的应用"的讨论和在交换学习日记与图片中学习

Ⅲ. 写信给家长，要求他们检查其孩子一周内的学习日记中与"数学在生活中的应用"有关的部分

Ⅳ. 与家长个别交谈，要求他们帮助孩子收集杂志和其他资料，学生可以把这些资料收集到图片集中

    A. Ⅰ，Ⅱ和Ⅳ   B. Ⅰ和Ⅲ   C. Ⅱ，Ⅲ和Ⅳ   D. Ⅲ和Ⅳ

    刘老师教五年级的科学课。一天，班上的学生李明对同学们说起他的父母带他参观了农科院的植物园，李明对植物园的描述激发了五年级学生要求刘老师带他们参观植物园的愿望，刘老师支持他们的想法，并表示他将认真考虑。

53. 在刘老师制订带学生参观植物园的计划时，以下哪一点将是要考虑的第一步?

    A. 写信给家长，告诉他们计划带学生参观植物园，问他们有无建议和异议

    B. 要学生表决去还是不去参观植物园

    C. 询问其他老师对是否值得参观植物园的看法

    D. 与农科院植物园的负责人联系，询问是否允许小学生进行教学现场参观；如果可以，现场参观将如何进行

54. 带领学生进行一次与教学内容有关的现场参观可使学生在以下哪一方面最受益?

    Ⅰ. 使学生接触一些比课堂内更复杂、更具挑战性的认知任务

    Ⅱ. 帮助有自卑感的学生提高学习的自信心

    Ⅲ. 帮助学生认识到学习活动可以在课堂内进行，也可以在课堂外进行

    Ⅳ. 使学生有机会看到正在学习的学习内容的实例

    A. Ⅰ和Ⅱ   B. Ⅰ和Ⅳ   C. Ⅱ和Ⅲ   D. Ⅲ和Ⅳ

参观植物园之前，刘老师决定给自然课增加一项新的活动，他要求每一个学生都制作一份"植物参考手册"，供参观之前、之中和之后使用。每一小组的学生将归纳有关植物园和一些植物的问题，并把这些问题写进他们的"植物参考手册"，利用书面描述或图画来解答这些问题。

55. 在教学计划中增加"植物参考手册"活动，可使刘老师在以下哪些方面让学生受益？

Ⅰ. 使学生有效地利用有限的时间和资源

Ⅱ. 帮助学生学会如何制定和达到自己的学习目标

Ⅲ. 提高学生合作学习的经验

Ⅳ. 创造一种新的学习评价工具，用来评价学生在学习本章内容时的实际解决问题能力

A. Ⅰ 和 Ⅲ
B. Ⅰ，Ⅱ 和 Ⅳ
C. Ⅱ 和 Ⅲ
D. Ⅱ，Ⅲ 和 Ⅳ

吴老师是东方红小学五年级的新老师。在第一学期的中间，她发现班上有个叫张浩的学生不积极参与班级的活动，在过去的几周里，他看上去无精打采，显得很疲倦，经常不完成家庭作业，有两次还在上课时睡着了。这跟他开学时的表现完全不同：那时他是一个勤奋好学、积极参加班级活动的好学生。吴老师私下找张浩询问原因，可他坚持说什么原因也没有。吴老师决定打电话给张浩的父母，与他们讨论张浩的行为变化。

56. 吴老师决定给张浩的父母打电话，说明他意识到张浩行为的改变可能是以下哪一种情况的信号？

A. 缺乏参加课堂活动的动机

B. 形成一种反抗权威的倾向

C. 认知能力低下而造成的学习成绩的不正常

D. 正在经历着不一般的压力，以致影响到学习

57. 在这种情境下，以下哪种方式最适合吴老师用来与张浩的父母交谈？

A. 在谈话开始时，先说张浩表现好的方面

B. 强调家长应该与老师密切配合，以保证学生按时完成作业

C. 告诉家长不能及早处理学生行为问题可能造成的不良后果

D. 让家长在交谈的过程中不受拘束，让家长主导谈话

　　三年级的易老师正在准备一个单元的语文课，旨在训练学生的阅读能力和创造性思维。在这一单元中，学生将阅读与"友谊"这一主题有关的小故事、图画书以及小说的章节。易老师计划在所有的教学活动中，学生都读同样的故事，有些故事让学生独立阅读，有些故事在小组内阅读。

58. 确定学习目标是制订计划的一部分。为了给这一新单元的学习定出学习目标，易老师所要做的第一步是：

A. 测定学生在阅读和创造性思维方面的长处及需要提高的地方

B. 设计课堂活动，以提供给学生练习阅读和创造性技能的机会

C. 创造一个能同等地评价阅读能力和创造性思维的学习评价体系

D. 选择合适的学习材料，以发展学生的阅读技能和创造性思维

59. 在阅读过程中，易老师发现有一个小组的成员不能很好地合作，经常为谁担任什么角色或谁做什么而争吵，易老师可通过以下哪种方式有效地解决这一问题？

A. 提醒这一小组的学生班级行为守则中的规定

B. 向这一小组学生讲解小组活动的学习目标

C. 鼓励小组成员积极参与小组活动

D. 参加这一小组，与小组成员一起制定一个大家都同意的活动规则

60. 在小组读完一个故事后，易老师要求每个组员都要担当故事中的一个角色，向全班表演故事中的一个片段。表演结束后，易老师紧接着问全班学生，如果故事中某一情境改变了，故事的这一片段会怎样。例如，如果主人公没有那样做，结果会怎样，其他角色会有什么样的反应？学生讨论后，易老师再请这一组学生表演情境改变后的同一故事片段。易老师的这一做法，有助于学生在以下哪些方面成熟，从而达到社会性的发展？

Ⅰ. 认识到不同的角色有不同的观点

Ⅱ. 拒绝作出不成熟的结论

Ⅲ. 愿与同伴合作

Ⅳ. 接受别人的建议，改变自己的观点

A. Ⅰ，Ⅲ和Ⅳ　　　　　　　B. Ⅰ和Ⅲ

C. Ⅱ，Ⅲ和Ⅳ　　　　　　　D. Ⅱ和Ⅳ

答案：BCBDA　　CACDB　　DADCB　　BCDCD　　DADAD
DBCAD　　CACAC　　ADBAA　　BCDAC　　ABACC
CADDD　　DAADA

附录 3：实践性知识分测验

指导语：这是一份有关教育方面的调查问卷。请根据您的看法，回答下面的问题。

注意：①要求独立完成，不能看任何参考书。②本问卷仅作为教育研究之用，我们将对您的作答绝对保密。

谢谢您的合作！

您的姓名 _____　性别 _____　年龄 _____　教龄 _____

职称 _____　学历 _____　所教科目____　所教年级_____

所在学校名称 _____

一、结构良好问题

内容选自"人教版小学数学三年级上册"中的《分数的初步认识》。假设您要在数学课上给学生讲解这部分知识，请仔细阅读给定的教材，并结合自己的教学经验，尽可能详细地回答下面的问题。

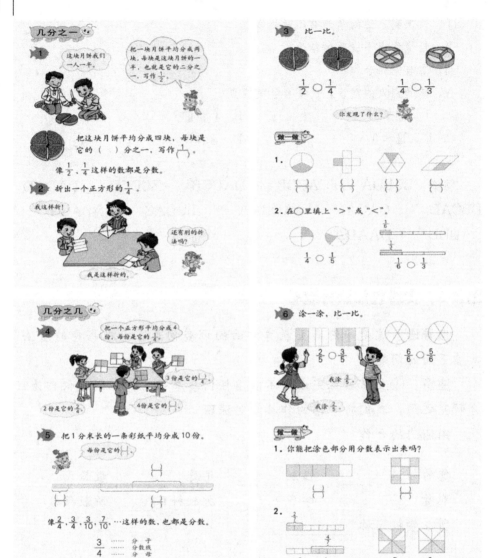

几分之一

1 这块月饼我们一人一半。

把一块月饼平均分成两块，每块是这块月饼的一半，也就是它的二分之一，写作 $\frac{1}{2}$。

把这块月饼平均分成四块，每块是它的（ ）分之一，写作 $\frac{\square}{\square}$。

像 $\frac{1}{2}$、$\frac{1}{4}$ 这样的数都是分数。

2 折出一个正方形的 $\frac{1}{4}$。

我这样折！

还有别的折法吗？

我是这样折的。

几分之几

4 把一个正方形平均分成4份，每份是它的 $\frac{1}{4}$。

3份是它的 $\frac{3}{4}$。

2份是它的 $\frac{2}{4}$。

4份是它的 $\frac{4}{4}$。

5 把1分米长的一条彩纸平均分成10份。

每份是它的 $\frac{\square}{\square}$。

像 $\frac{2}{4}$、$\frac{3}{4}$、$\frac{3}{10}$、$\frac{7}{10}$……这样的数，也都是分数。

$\frac{3}{4}$ ……分子
…… 分数线
…… 分母

3 比一比。

$\frac{1}{2}$ ○ $\frac{1}{4}$ 　　　$\frac{1}{4}$ ○ $\frac{1}{3}$

你发现了什么？

做一做

1. $\frac{\square}{\square}$ 　 $\frac{\square}{\square}$ 　 $\frac{\square}{\square}$ 　 $\frac{\square}{\square}$

2. 在○里填上">"或"<"。

$\frac{1}{4}$ ○ $\frac{1}{5}$ 　　　$\frac{1}{6}$ ○ $\frac{1}{3}$

6 涂一涂，比一比。

$\frac{2}{5}$ ○ $\frac{3}{5}$ 　　　$\frac{6}{6}$ ○ $\frac{5}{6}$

我涂 $\frac{2}{5}$

我涂 $\frac{3}{5}$

做一做

1. 你能把涂色部分用分数表示出来吗？

$\frac{\square}{\square}$ 　　　$\frac{\square}{\square}$

2. $\frac{2}{7}$ ○ $\frac{4}{7}$ 　　　$\frac{5}{8}$ ○ $\frac{3}{8}$

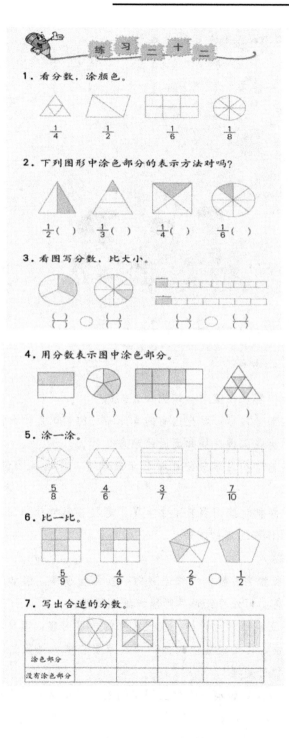

练 习 二 十 二

1. 看分数，涂颜色。

$\frac{1}{4}$　　$\frac{1}{2}$　　$\frac{1}{6}$　　$\frac{1}{8}$

2. 下列图形中涂色部分的表示方法对吗?

$\frac{1}{2}$(　)　$\frac{1}{3}$(　)　$\frac{1}{4}$(　)　$\frac{1}{6}$(　)

3. 看图写分数，比大小。

4. 用分数表示图中涂色部分。

(　)　(　)　(　)　(　)

5. 涂一涂。

$\frac{5}{8}$　　$\frac{4}{6}$　　$\frac{3}{7}$　　$\frac{7}{10}$

6. 比一比。

$\frac{5}{9}$ ○ $\frac{4}{9}$　　$\frac{2}{5}$ ○ $\frac{1}{2}$

7. 写出合适的分数。

涂色部分				
没有涂色部分				

8.在 ○ 里填上 ">" 或 "<"。

$$\frac{4}{7} \bigcirc \frac{2}{7} \qquad \frac{1}{3} \bigcirc \frac{1}{4} \qquad \frac{3}{5} \bigcirc \frac{4}{5}$$

$$\frac{3}{8} \bigcirc \frac{5}{8} \qquad \frac{1}{6} \bigcirc \frac{1}{9} \qquad \frac{3}{9} \bigcirc \frac{7}{9}$$

9. 剪一剪，再比较它们的大小。

10. 我吃了 $\frac{1}{\square}$ 。 我吃了 $\frac{1}{\square}$ 。 我吃了 $\frac{1}{\square}$ 。

剩下 $\frac{1}{\square}$ ？

$$\frac{1}{\square} > \frac{1}{\square} > \frac{1}{\square}$$

11. 右图涂色部分是大正方形的几分之几，用分数表示出来。

1. 教材中的内容旨在使学生掌握什么知识？

2. 要学习这部分内容，学生已有的与此相关的知识是什么？

3. 您认为学生在掌握这些知识时的难点是什么？

4. 假设您要把这些内容教给小学三年级学生，您准备如何突破这些难点？（请具体阐述）

5. 假设您已经把这些内容教给学生了，您准备怎样让他们巩固已学到的这部分知识？（请具体描述您的方法）

二、结构不良问题

下面是教师在教学过程中经常遇到的一些课堂事件。假如下列事件发生在您的课堂上，您将如何处理？请尽可能详细地阐述。

1. 课上，你正在给学生讲解一些很重要的学习内容，而坐在后排的两名学生一直在窃窃私语，你已经警告过他们两次不要在课上随便讲话，但他们仍在讲话，这时你会如何处理？

2. 一次上公开课，偏有一个学生调皮捣蛋，叫他站直了，反倒歪拧得更厉害，还说"我缺钙"，碰到这种情况你怎么办？

3. 你正在向全班学生讲解一些重要的知识，绝大多数学生听得很认真，表现出很高的学习热情，但是，你注意到班上两个学习成绩很好的学生似乎不感兴趣，在开小差，没有积极参与，这时你应该怎么办？

二、教师专业发展环境支持问卷

(一)概念界定

1980 年，世界教育年鉴将主题定为"教师专业发展"，这标志着教师专业发展的诞生。国内关于教师专业发展的研究是从 20 世纪 90 年代开始的。关于教师专业发展的内涵，概括起来主要包括两个方面：一方面强调教师专业素质的构成，即教师应该发展自身的哪些方面；另一方面强调教师发展的专业途径，即如何获得教师专业上的发展[1]。教师专业发展总是处在一定的社会环境中，大到社会环境，小到课堂氛围，正是在与周围环境相互作用的过程中教师的专业能力才能不断提高。时代发展、课程改革以及由此带来的学生需求的变化是影响教师专业发展的远端环境；而对教师专业发展产生影响的近端环境则是教师所在的组织，以及教师在工作中所交往的对象，包括组织氛围与资源、学校领导支持、同事支持和家长支持。

(二)问卷结构

参考兹安恩—莫然（Tschannen-Moran）和赫依（Hoy）[2]所编制的教师支持问卷，张娜、申继亮编制了教师专业发展环境支持问卷[3]，该问卷适用于测查支持教师专业发展的近端环境。

---

① 张娜. 教师专业发展能动的结构、特点及发展机制. 北京师范大学博士学位论文，2009.

② Tschannen-Moran, M., & Hoy, A. W. *The influence of resources and support on teachers' efficacy beliefs.* Annual Meeting of the American Educational Research，2002.

③ 同①.

教师专业发展环境支持问卷包含 5 个项目，各项目依次测量来自学校、学校领导、同事、家长和学校所在社区(或周边)五个方面的外部环境的支持。

(三)施测与计分

该问卷适用于对中小学教师专业发展环境支持的测查，研究者施测时，使用统一的指导语进行团体施测，让教师对其在专业发展中所拥有的各方面支持进行打分。从 0～100 分，分数越高代表教师认为自身所获得的专业发展资源越丰富。

(四)信效度分析

编制者选取了 249 名教师为被试，结果表明问卷的内部一致性信度为 0.79。这表明教师专业发展环境支持问卷可用于中小学教师专业发展环境支持的测查。

附录：教师专业发展环境支持问卷

指导语：请为您在专业发展中拥有的教学资源和获得的支持在相应的空格里打分。从 0～100 分，分数越高代表越好。

序号	项 目	从 0～100 分
1	请您为所在学校为您的专业发展提供的物质上的教学资源打分	
2	请您为所在学校的领导为您的专业发展提供的人际支持打分	
3	请您为所在学校的同事为您的专业发展提供的人际支持打分	
4	请您为家长对您的支持程度打分	
5	请您为学校所在社区(或周边)对您工作所提供的支持打分	

三、教师效能问卷

（一）概念界定

　　教师效能是指教师在特定的教学情境下，引导或促进学生的学习和各方面（如情感、道德以及认知）的发展，以致达到或超出社会认可的预期教育目标的能力[①]。首先，"特定的教学情境"反映了教师效能是受制于情境因素的，因其工作的文化和组织环境的不同，教师可能表现出不同的效能。其次，教师效能与多重教育功能相联系，并受制于教育目标的设置水平。最后，教师效能作为一种"能力"，通过个体的某些行为特征而外化为可观测的评定指标。从内涵上讲，教师效能与有效教学（effective teaching）、有效教师（effective teacher）、教学效能/有效性（teaching effectiveness）、教师效能/有效性（teacher effectiveness）等是隶属于同一主题下的不同核心概念。

（二）问卷结构

　　教师效能评定问卷包括五个分问卷：学习/价值感、挑战与支持、师生关系、方法和策略、组织/清晰性，共有 35 个项目。各维度的含义及对应项目如下。

　　学习/价值感　用以测量学生感受到的课程价值，可以反映学生对教师总的教学效果评价，属于本问卷的结构指标。包括 7、32、33、34、35 题，共 5 个项目。

　　挑战与支持　一名优秀的教师不仅能向学生提出高的、但现实的期望，并且要使学生明确这些期望，以及如何达到这些期望，这样才能在智力上激发学生，从而使教学富有启发性和激励性。包括 8、

　　[①]　卢谢峰.教师效能的测评结构、人格因素及作用机制.北京师范大学博士学位论文，2006.

10、11、12、13、14、15题，共7个项目，其中11、13题为反向计分题。

师生关系 主要体现在教师在教学中与学生交流、互动、调动学生积极性方面，表现为关心和尊重学生。包括21、22、23、24、25、26、27、28、30、31题，共10个项目，其中24、25、27题为反向计分题。

方法和策略 是指教师在教学中运用教学技能的水平，以及在多大程度上遵循了教学的激励性原则和个体差异性原则。在该因素上得分高的教师能综合运用各种提问技术进行实践活动，而且讲授方式能让学生在课堂上保持兴趣，使整堂课以轻快的节奏进行。包括1、2、3、4、5、6、29题，共7个项目。

组织/清晰性 反映了教学组织性与清晰度的程度水平。在该因素上得分高的教师对课程解释得较清楚，对课程内容进行了精心的准备，实际讲授与预定的教学目标很吻合，使学生了解课程的进展情况。包括9、16、17、18、19、20题，共6个项目，其中20题为反向计分题。

(三)施测与计分

该问卷由学生填写，用以测查中学教师的教师效能。施测时采用统一的指导语，以团体施测的方式进行。项目均采用5点计分法，反应程度依次为"完全符合""基本符合""有时符合""基本不符合""完全不符合"，正向题依序给予5、4、3、2、1分；反向题依序给予1、2、3、4、5分。教师所得分数越高表示该教师的教师效能越好。收集数据时，以"教师教学行为描述问卷"为名进行团体施测，要求学生对班上某一位教师进行评分。

(四)信效度分析

编制者[①]在北京、云南、河南、山东的 4 所中学发放了学生问卷 2 800份，回收有效问卷2 430份，共评价了 243 名教师的教师效能。分析结果表明，整个问卷的一致性系数为 0.94，分问卷—总分相关及 α 系数和重测信度如下表所示。

	分问卷—总分相关	α系数	重测信度
方法策略	0.900**	0.875 3	0.719**
挑战支持	0.901**	0.778 6	0.408**
组织清晰	0.888**	0.743 5	0.439**
师生关系	0.868**	0.837 6	0.453**
学习价值	0.901**	0.883 5	0.245

以教师的自我评价、班主任对教师的评价和年级组长对教师的评价为效标，结果显示：教师效能与三个效标测量存在显著相关，相关系数分别为 0.50、0.59、0.58，证明该问卷是有效的。

附录：教师教学行为描述问卷(学生用)

指导语：本问卷共有 35 道题目，请根据你平时对某位任课教师的观察与感受，从"完全不符合、基本不符合、有时符合、基本符合、完全符合"5 项中选取一项来表达你的真实看法。请直接把你选择的数字圈起来。

注意：①每道题目只能圈选一个数字，不要多选，也不要漏选。②评价没有好坏之分，你的选择应尽量涵盖所有 5 个选项，以充分反

---

① 卢谢峰. 教师效能的测评结构、人格因素及作用机制. 北京师范大学博士学位论文，2006.

映出教师的教学情况。③在回答之前，请先填上受评教师的"姓名"及其"所教课程"。

教师姓名：＿＿＿＿＿＿＿＿　　　　所教课程：＿＿＿＿＿＿＿＿

题　目	完全不符合	基本不符合	有时符合	基本符合	完全符合
1. 讲课方式和教辅手段有助于学生积极参与	1	2	3	4	5
2. 根据学生的差别为学生制定适合于他们的目标	1	2	3	4	5
3. 能对不同的个体采取不同的策略来激发其学习动力	1	2	3	4	5
4. 运用各种活动和学习方法，使课堂气氛变得轻松	1	2	3	4	5
5. 运用各种提问方法来了解学生的知识和理解水平	1	2	3	4	5
6. 课堂教学融入了学生的个人知识	1	2	3	4	5
7. 对学习情况进行适当的评估并提供有用的反馈	1	2	3	4	5
8. 能够帮助学生巩固已学的知识	1	2	3	4	5
9. 清晰地解释复杂的学科材料，激发学生的学习兴趣	1	2	3	4	5
10. 是学生的行为榜样	1	2	3	4	5
11. 从未向学生明确提出预期的学业标准	1	2	3	4	5
12. 使学生感到智力上的挑战	1	2	3	4	5
13. 从未向学生建议切实有效的改进办法	1	2	3	4	5
14. 能够最大限度地激发学生的潜能	1	2	3	4	5
15. 根据学生的不同特点进行差异教学	1	2	3	4	5

续表

题　目	完全 不符合	基本 不符合	有时 符合	基本 符合	完全 符合
16. 讲课的深浅度适合学生的理解水平	1	2	3	4	5
17. 讲课内容量的多少适合学生掌握	1	2	3	4	5
18. 讲课的进度快慢适中	1	2	3	4	5
19. 使知识的呈现适应学生的发展水平	1	2	3	4	5
20. 讲课时常使我听不明白	1	2	3	4	5
21. 能对学生的需要有真诚的反应	1	2	3	4	5
22. 主动寻求和创造与学生交流的机会	1	2	3	4	5
23. 积极建立并维持与学生间的亲密关系	1	2	3	4	5
24. 经常对学生使用讥讽的态度	1	2	3	4	5
25. 经常当众为难学生	1	2	3	4	5
26. 为学生提供民主参与的机会	1	2	3	4	5
27. 无论课上或课下与学生都很少接触	1	2	3	4	5
28. 平等对待不同的学生	1	2	3	4	5
29. 在整堂课中能使学生的注意力保持在学习上	1	2	3	4	5
30. 鼓励学生表达他们自己的观点	1	2	3	4	5
31. 听取学生的意见并做出反应	1	2	3	4	5
32. 通过教学，使学生对该学科的兴趣提高了	1	2	3	4	5
33. 通过教学，使学生解决相关问题的能力增强了	1	2	3	4	5
34. 通过教学，使学生学会了该学科的学习方法	1	2	3	4	5
35. 通过教学，促进了学生思维的严密性	1	2	3	4	5

第二节　教师自主发展系统评价工具

一、教师自我职业生涯管理问卷

(一)概念界定

教师自我职业生涯管理是贯穿在个人工作过程中的职业策略和行为，和职业人格、职业机会、雇佣关系相比，它是一个动态性的、以时间为依据的对职业行程的理解[①]。教师自我职业生涯管理对个人来说，关系到个人的生存质量和发展机会；对于学校组织来说，关系到学校和学生的发展与提高。

(二)问卷结构

自我职业生涯管理问卷包括教育教学、人际沟通、目标规划、职业发展、了解组织五个维度，共 20 个项目。

教育教学　是教师为了提高教学水平而发生的一系列行为，主要涉及高中教师的教学专业知识、教学方法、教学内容、教学计划等方面，包含项目 3、9、14、18、19，共 5 个项目。

人际沟通　是教师在学校与人际关系有关的各方面情况，主要涉及高中教师与领导、同事、学生的关系等方面，包含项目 4、10、15、20，共 4 个项目。

目标规划　是教师为了自身职业发展而制定的一系列发展目标和为了达到目标而制定的相应策略，主要涉及高中教师的短期、长期目

---

① 卢雪．高中教师自我生涯管理结构及相关研究．河南大学硕士学位论文，2009.

标及具体实施步骤,包含项目 1、5、11、16,共 4 个项目。

职业发展 是教师为了谋求自身的职业发展而发生的一系列行为,主要涉及高中教师在自己职业发展方面的学习、论文以及学术交流活动,包含项目 2、7、8、13,共 4 个项目。

了解组织 主要涉及教师是否了解学校的发展、人事或评定考核体制等,包含项目 6、12、17,共 3 个项目。

(三)施测与计分

该问卷适用于对高中教师自我职业生涯管理的测查。施测时采用统一的指导语进行团体施测。

问卷采用 5 点计分法,从"完全不符合"到"完全符合"分为 5 个等级,其中"1"表示"完全不符合","2"表示"比较不符合","3"表示"不确定","4"表示"比较符合","5"表示"完全符合"。计分时,各维度对应项目相加求均分,即为该维度得分,得分越高,表示教师在该维度上职业生涯规划越好。所有项目得分的总均分表示教师自我职业生涯管理的得分,分数越高,表示教师对自己的职业生涯规划管理越好。

(四)信效度分析

编制者[1]以开封、郑州两地 9 所高中的 407 位教师作为研究对象,检验了问卷的测量学指标。信度分析结果表明:问卷的内部一致性系数为 0.92;上述各个分问卷的内部一致性系数分别为 0.89、0.89、0.85、0.81、0.81,表明问卷具有较好的信度。

验证性因素分析的结果如下:$\chi^2/df=1.995$,GFI$=0.87$,NFI$=0.88$,RFI$=0.85$,IFI$=0.94$,TLI$=0.92$,CFI$=0.94$,RMSEA$=$

---

[1] 卢雪. 高中教师自我生涯管理结构及相关研究. 河南大学硕士学位论文,2009.

0.072，上述指标均达到了测量学的要求。上述结果表明，教师自我职业生涯管理问卷可用于高中教师自我生涯管理的测查。

附录：教师自我职业生涯管理问卷

指导语：请仔细阅读下列叙述，在符合您的情况的选项数字上打"√"。请不要漏题，谢谢合作！

	完全不符合	比较不符合	不确定	比较符合	完全符合
1. 我确立了职业生涯发展的长期目标。	1	2	3	4	5
2. 我主动了解和工作有关的信息。	1	2	3	4	5
3. 我能不断探索新的教学方法。	1	2	3	4	5
4. 我常与同事沟通、交流。	1	2	3	4	5
5. 我确立了每个职业生涯阶段的具体目标。	1	2	3	4	5
6. 我了解绩效考核体系。	1	2	3	4	5
7. 我积极参加各种与专业知识相关的培训与学术交流活动。	1	2	3	4	5
8. 我争取发表专业文章。	1	2	3	4	5
9. 我依据学生发展培养计划来进行教学。	1	2	3	4	5
10. 我能妥善处理与同事之间的关系。	1	2	3	4	5
11. 我制定了职业生涯各阶段发展的具体实施步骤。	1	2	3	4	5
12. 我了解人事管理政策。	1	2	3	4	5
13. 我积极参与课题的研究。	1	2	3	4	5
14. 我经常对教学中的问题进行思考和研究。	1	2	3	4	5
15. 我能妥善处理与领导之间的关系。	1	2	3	4	5
16. 我对自己未来的职业发展有很明确的规划。	1	2	3	4	5
17. 我了解职称评定和晋升条件。	1	2	3	4	5

		完全不符合	比较不符合	不确定	比较符合	完全符合

18. 我喜欢阅读和工作相关的书籍。　　　　　1　2　3　4　5

19. 我不断地充实自己的专业知识。　　　　　1　2　3　4　5

20. 我能妥善处理与学生之间的关系。　　　　1　2　3　4　5

二、教师心理弹性(自我复原力)问卷

(一)概念界定

　　有关心理弹性(resilience)的研究最早开始于 20 世纪 70 年代中期。近年来，心理弹性的研究领域不断扩大和深入，成为很多学者关注的热点话题。心理弹性，即心理复原，是指个体在面对生活逆境、创伤、悲剧、威胁或其他生活重大压力时表现得良好的适应过程，意味着从困难经历中"恢复过来"；是个体在危险环境中良好适应的动态过程，它强调个体的良好适应能力和变化过程的结果，同时描述了危险性特征和保护性特征之间的动态性，心理弹性的两个操作性定义要素是个体遭遇逆境和个体成功应对[①]。心理弹性研究的最终目的是探索个人生存和成长的力量源泉，使逆境对个体的消极影响最小化，使个体的适应和成长最大化，这样我们就可以通过干预来帮助人们减少危险和提高心理弹性，达到发展心理潜能、预防行为障碍、促进良好适应和心理健康的目的，对教师心理弹性的研究可以促进教师的专业成长。

---

　　① 马伟娜，桑标，洪灵敏．心理弹性及其作用机制的研究述评．华东师范大学学报(教育科学版)，2008，1，89—96.

(二)问卷结构

自我复原力问卷共有 14 个题目。

(三)施测与计分

采用统一的指导语进行团体施测。自我复原是在压力下或负面事件的影响下保持良好适应的一个动态过程,该问卷一共由 14 个项目组成,采用 4 点计分法,"完全不符合"计 1 分,"有点符合"计 2 分,"基本符合"计 3 分,"完全符合"计 4 分,得分越高,表示自我复原力水平越高。

(四)信效度分析

布洛克(Block)等人[1](1996)报告的心理复原力问卷主要测量个体所拥有的内在保护因子,包含 14 个题目,如"对朋友很慷慨""喜欢做新颖的事情"等。研究者应用该问卷对被试进行了纵向研究,两次研究分别在被试 18 岁和 23 岁的时候进行。结果显示,该问卷的内部一致性系数为 0.76,五年后分别对女性和男性被试的重测信度为 0.67和 0.51。

我国学者李冬梅(2005)对该问卷进行了修订,经修订后的内部一致性系数为 0.73,分半信度为 0.75,重测系数为 0.71。这些系数表明该问卷具有较高的一致性信度、较好的稳定性和可靠性[2]。

附录:教师自我复原力问卷

指导语:下面共 14 个题目,请按"完全不符合""有点符合""基本

---

① Block, J., & Kremen, A. M. *IQ and ego-resiliency: Conceptual and empirical connections and separateness*. Journal of Personality and Social Psychology, 1996, 70 (2), 349—361.

② 李冬梅. 青少年心境动态发展特点及不同调节策略对其心境变化影响的研究. 首都师范大学硕士学位论文,2005.

符合""完全符合"，分别计为 1～4 分。

	完全不符合	有点符合	基本符合	完全符合
1. 我对朋友很慷慨。	1	2	3	4
2. 我能很快摆脱惊吓，并从其中恢复过来。	1	2	3	4
3. 我乐于应付新的和非同寻常的局面。	1	2	3	4
4. 我通常能给人们留下很好的印象。	1	2	3	4
5. 我乐于品尝从来没有吃过的新食品。	1	2	3	4
6. 人们认为我是一个精力非常充沛的人。	1	2	3	4
7. 我乐于选择不同的路径到达我所熟悉的地方。	1	2	3	4
8. 我比大多数人更为好奇。	1	2	3	4
9. 我遇到的大多数人都是可爱的(不错的)。	1	2	3	4
10. 行动之前我总是周密地考虑一些事情。	1	2	3	4
11. 我喜欢做一些新颖的、不同凡响的事情。	1	2	3	4
12. 我的日常生活中充满了我感兴趣的事。	1	2	3	4
13. 我乐于将自己描述为个性很强的人。	1	2	3	4
14. 我能很快并适时地从对某人的气恼中摆脱。	1	2	3	4

三、教师教学反思倾向问卷

(一)概念界定

　　教师的教学反思是教师教学认知活动的重要组成部分，贯穿于教学活动的始终。教学反思是指教师为了实现有效教学，对已经发生或正在发生的教学活动以及这些教学活动背后的理论、假设，进行积极、持续、周密、深入、自我调节性的思考，在思考过程中，能够发现、清晰表征所遇到的教学问题，并积极寻求多种方法来解决问题的过程①。

教师的教学反思是一个能动的、审慎的认知加工过程，也是一个与情感和认知都密切相关并相互作用的过程，在此过程中，不仅有智力加工，而且需要有情感、态度等动力系统的支持。一个良好的思维者离不开能力和倾向两大要素，教师在进行教学反思时除了需要掌握一定的反思方式，对反思理论有深入、准确的理解以外，还需要有进行反思的态度和习惯，即教师的教学反思倾向。教师的教学反思倾向是教师在反思操作过程中表现出来的习惯和态度②。教师只有在不断地对自己的行为和思想进行反思的过程中，才能全面、深刻地了解自我，发现自己的优点，增强信心，同时也会发现自己的缺点，了解到需要通过学习哪些内容来充实自己。教师通过反思可以提高教学效果和自身水平。

(二)问卷结构

教师教学反思倾向问卷包括开放性、责任性、执着性、质疑性、严谨性和成熟性6个维度，共计42个项目。

开放性　指具有开放性思维，探究不同的观点，对自己的狭窄思维极其敏感，能够产生多种选择方法；包含项目1、2、3、4、5、6、7，共7个项目。

执着性　指全身心投入，一心一意地投入到教学中，对教学工作孜孜不倦；包含项目8、9、10、11、12、13、14，共7个项目。

责任性　指能够考虑到按照预想的步骤行事所带来的后果，并对其负责任，能够承认并接受合理的结果而拒绝不合理的结果，对自己

---

① 刘加霞. 教师教学反思：内涵、发展特点及影响因素研究. 北京师范大学博士学位论文，2003.

② 同①。

的决策负责任；包含项目 15、16、17、18、19、20、21，共 7 个项目。

　　质疑性　指持续的疑惑、探察、发现问题，热衷质询，对非常规敏感，能够仔细观察并阐明问题；包含项目 22、23、24、25、26、27、28，共 7 个项目。

　　严谨性　指思维缜密，力求精确，找出证据做解释，致力于自我建构概念；包含项目 29、30、31、32、33、34、35、36，共 8 个项目。

　　成熟性　指考虑到问题的复杂性、变化性，承认教学问题存在的不可避免性，愿意延迟判断；包含项目 37、38、39、40、41、42，共 6 个项目。

(三)施测与计分

　　教师教学反思倾向问卷适用于中小学教师教学反思倾向性的测查。施测时采用统一的指导语进行团体施测，由教师根据自己的真实情况作答。

　　问卷采用 5 点计分法，从"非常不同意"到"非常同意"分为 5 个等级，其中"1"代表"非常不同意"，"2"代表"不同意"，"3"代表"不确定"，"4"代表"同意"，"5"代表"非常同意"。计分时，每个维度包含项目得分的均分，即为该维度的得分，分数越高，表明教师在该维度上的教师反思倾向性越强。教学反思倾向的得分是每一维度的加权平均分，所加权数为教学反思倾向在每一个维度上的标准化载荷，即教学反思倾向＝(0.75×开放性＋0.77×执着性＋0.25×责任性＋0.98×质疑性＋0.75×严谨性＋0.97×成熟性)/6。得分越高，表示教师的教学反思倾向性越强。

(四)信效度分析

编制者[①]以 296 名中小学教师作为被试，对问卷的信效度进行了分析，结果发现，问卷的总体内部一致性系数为 0.82，开放性、执着性、责任性、质疑性、严谨性和成熟性分维度的内部一致性系数分别是 0.60、0.64、0.43、0.60、0.61 和 0.60。除了责任性的内部一致性系数有些偏低外，其他维度上的内部一致性信度均达到测量学的标准。

验证性因素分析结果如下：$\chi^2/df = 1.78$，CFI $= 0.99$，NFI $= 0.96$，TLI $= 0.98$，IFI $= 0.99$，RMSEA $= 0.05$。验证性因素分析数据显示理论模型与观察数据的拟合程度较好，说明教师教学反思倾向性维度是合理的。总体来讲，教师教学反思倾向问卷可以作为教师教学反思性倾向的测查工具。

附录：教师教学反思倾向问卷

指导语：请根据您的实际情况，判断您对问卷中所陈述的各种情况的同意程度，并在项目后的数字上打"√"。

	非常不同意	不同意	不确定	同意	非常同意
1. 教学效果的好坏主要由教师的教学能力决定。	1	2	3	4	5
2. 我很想了解其他教师对某一教学问题的看法。	1	2	3	4	5
3. 判断学生的对与错时，我很容易带有偏见。	1	2	3	4	5
4. 若一个问题还没有彻底解决，我就不做其他事情。	1	2	3	4	5

---

① 刘加霞. 教师教学反思：内涵、发展特点及影响因素研究. 北京师范大学博士学位论文，2003.

	非常不同意	不同意	不确定	同意	非常同意
5. 我很介意自己的观点是否存在偏见。	1	2	3	4	5
6. 学生学习成绩的高低主要由教师的教学水平决定。	1	2	3	4	5
7. 即使是没有教学经验的教师提出的意见，我也会参考。	1	2	3	4	5
8. 学生在学校的安全出问题，教师负有责任。	1	2	3	4	5
9. 我要求学生解题过程明确、完整。	1	2	3	4	5
10. 对我而言，了解其他教师的想法非常重要。	1	2	3	4	5
11. 我时常考虑教学效果的优劣并改进教学。	1	2	3	4	5
12. 没有解决的问题总是萦绕在我的脑海中。	1	2	3	4	5
13. 课堂上，我通过学生的眼神就能判定学生存在的问题在哪儿。	1	2	3	4	5
14. 能否成为优秀教师完全由一个人的努力程度决定。	1	2	3	4	5
15. 我干一行，爱一行。	1	2	3	4	5
16. 我有执着的追求。	1	2	3	4	5
17. 我一遇到教学问题就及时记录下来。	1	2	3	4	5
18. 没有弄清楚的教学问题常使我坐卧不安。	1	2	3	4	5
19. 不存在真正能够全身心都投入到教学中的教师。	1	2	3	4	5
20. 我喜欢探索新的教学方法。	1	2	3	4	5
21. 当新教一个班时，我急切地想知道学生的名字。	1	2	3	4	5
22. 在教学工作中我很少用"可能""也许""大约"这类词语。	1	2	3	4	5
23. 我想知道每一个问题背后的原因。	1	2	3	4	5
24. 我愿意教授有挑战性的新内容。	1	2	3	4	5
25. 如果我能更好地了解自己，我将变得更完美。	1	2	3	4	5
26. 对于教学工作，我头脑中总是充满疑问。	1	2	3	4	5

	非常不同意	不同意	不确定	同意	非常同意
27. 我不愿意改变我的教学方法。	1	2	3	4	5
28. 我总是想了解新的课程改革目标。	1	2	3	4	5
29. 开始上课之前，我经常预测学生可能出现的问题，以免上课时措手不及。	1	2	3	4	5
30. 别人评价我是一个做事情有条理的人。	1	2	3	4	5
31. 要做重大决策时，我会先尽力寻求所有的信息。	1	2	3	4	5
32. 在解决一个问题之前，我总是先弄清问题是什么，而不急于寻找解决问题的方法。	1	2	3	4	5
33. 不完全按照教学参考书的顺序上课，教学效果会更好。	1	2	3	4	5
34. 我总是先把自己的教学思路理清楚，然后才上课。	1	2	3	4	5
35. 学生的某些不良习惯是教师潜移默化的影响造成的。	1	2	3	4	5
36. 如果证据不足，我从不急急忙忙下结论。	1	2	3	4	5
37. 即使解决一个小问题，我通常也先思考一下。	1	2	3	4	5
38. 我认为教学就是将书本上的知识清晰地讲解出来。	1	2	3	4	5
39. 批改学生作业时即使是一个错别字，我也顺手勾画出来。	1	2	3	4	5
40. 上课之前我总是对每个教学环节进行充分考虑。	1	2	3	4	5
41. 学生总是处于变化之中，今天是"坏孩子"，明天却可能变成"好孩子"。	1	2	3	4	5
42. 没有一种绝对"好"或"坏"的教学方法。	1	2	3	4	5

四、教师教学自主权问卷

(一)概念界定

自20世纪80年代以来，研究者从教师管理和学校发展的不同角度开展了关于自主的研究，90 年代以来，研究者开始关注教师教学中的自主。国外一些研究者[1][2][3]普遍认为，教学自主权(teaching autonomy)是教师控制和支配自己所教课程和教学情境的权力。有研究者[4]认为，教学自主权是教学自主的一个方面，它是教师作为主体对客体的支配，是教师指向外在的自主，这是教师对自己的教学客观环境的自主，体现着教师能够在外部压力和外部控制中获得自由和权力，自己的教学不受他人约束和控制，自己决定和支配自己的教学活动与相应的教学环境。

(二)问卷结构

教学自主权问卷改编自皮尔逊(Pearson)和赫尔(Hall)[5]编制的"教师自主权问卷"，该问卷分为课程自主权和一般教学自主权两个维度，共 11 个项目。

课程自主权(curriculum autonomy)　涉及教学活动、材料的选择和教学计划与教学过程设计，包含项目 1、4、6、7、9、11，共 6 个项目。

一般教学自主权(general teaching autonomy)　涉及教学指导标准制定和教学工作决策，包含项目 2、3、5、8、10，共 5 个项目。其中项目 2、3、5、8、10 为反向计分题。

---

[1]　Graham, K. C. *Running ahead*: *Enhancing teacher commitment*. Journal of Physical Education, Recreation & Dance, 1996, 67(1), 45—48.

[2]　Helsby, G. *Teachers' construction of professionalism in England in the* 1990 s. Journal of Education for Teaching, 1995, 21(3), 317—332.

[3]　Anderson, D. R. *Creative teachers*: *Risk, responsibility, and love*. Journal of Education, 2002, 183(1), 33—38.

[4]　姚计海. 中小学教师教学自主的特点及其与教学创新观念关系研究. 北京师范大学博士学位论文, 2005.

[5]　Pearson, L. C., Hall, B. W. *Initial construct validation of the teaching autonomy scale*. Journal of Educational Research, 1993, 86(3), 172—178.

（三）施测与计分

该问卷适用于中小学各科教师教学自主权的测查。研究者采用该问卷时，选择相应的被试以统一的指导语进行团体施测。

问卷采用4点计分法，从"基本不符合"到"基本符合"分为4个等级，其中"1"代表"基本不符合"，"2"代表"不太符合"，"3"代表"有些符合"，"4"代表"基本符合"。计分时，首先将反向计分题进行转换，然后通过分问卷对应的项目计算课程自主权的得分（相应项目得分之和的平均分）和教学自主权的得分（相应项目得分之和的平均分），以及教学自主权的总分（每个项目得分之和的平均分）。得分越高，表示教师的教学自主权越高。

（四）信效度分析

编制者[①]选取了北京、河北、宁夏、广东等地的1222名中小学教师进行施测，最终有效被试为1104名，其中小学教师592人、中学教师512人。

分析结果表明，问卷的总体内部一致性系数为0.74，其中课程自主权分维度的内部一致性系数为0.70，一般教学自主权分维度的内部一致性系数为0.73。这表明问卷具有较好的信度。

验证性因素分析结果表明，该问卷设想的两个维度模型是合理的，各项拟合指标都达到了可接受的范围，具体如下：$\chi^2/df = 3.737$，NFI = 0.995，TLI = 0.996，IFI = 0.994，CFI = 0.996，RMSEA = 0.05。由于样本量大，χ^2/df 值偏大，所以仅供参考。总体来讲，该问卷具有较好的信效度，可用于教师教学自主权的测查。

---

① 姚计海，中小学教师教学自主的特点及其与教学创新观念关系研究．北京师范大学博士学位论文，2005.

附录：教师教学自主权问卷

指导语：下面的每道题目都有 4 种不同的答案，从"基本不符合"到"基本符合"分别计为 1～4 分，请在与您自己的情况一致的相应的数字上打"√"。

	基本不符合	不太符合	有些符合	基本符合
1. 我可以自由地确定课堂教学方法。	1	2	3	4
2. 我很少有权利选择别的教学方法或教学模式。	1	2	3	4
3. 在很大程度上，我的教学工作不是我自己决定的。	1	2	3	4
4. 我的教学指导策略和教学程序是由自己决定的。	1	2	3	4
5. 关于教学，我很少有权选择教什么和怎样教。	1	2	3	4
6. 课堂教学的时间安排是由我控制的。	1	2	3	4
7. 我的教学目标是由我自己决定的。	1	2	3	4
8. 在课堂上，我很少能控制教室空间如何使用。	1	2	3	4
9. 上课使用的教学材料或工具通常是由我自己决定的。	1	2	3	4
10. 我的教学时间安排很少是由我自己决定的。	1	2	3	4
11. 上课所教的教学内容或技能是由我选择决定的。	1	2	3	4

五、教师教学自主性问卷

(一)概念界定

教师的自主包括两个方面的含义：一方面是教师指向外在的自主，也就是教师的教学自主权；另一方面是教师指向内在的自主，也就是教师的教学自主性。教学自主性就是教师在一定社会规范和教育目的指导下，能够自我调节和自我控制自己的教学活动，不受外界干扰的个性特征，它是教师作为主体对自身的指导和支配①。教师的教学自主性表现为教师能够积极合理地运用自己的能力，开发潜在资源，以积极的态度对待教学工作，目标明确，具有充分的主动性和进取心，能够良好地控制自己的情绪和行为方式，并促使自身获得发展。教师的自主性和教师的自主权两者相互作用和制约。教师的自主性表现如何，在一定程度上也受其拥有多大的自主权的影响，同时也会影响着教师知觉到多大程度的自主权。

(二)问卷结构

教师的教学自主性问卷包括目的性、自发性、责任性、独立性、胜任性、自省性和自控性七个维度，共 37 个项目，其中项目 1、6、9、17、21、22、25、33、34、37 为反向计分题。每个维度的具体含义和项目如下。

目的性　指教师有意识地为教学工作设立明确可行的目标，并积极采取措施使自己的教学行为指向目标。包含项目 4、6、9、14、24、28，共 6 个项目。

自发性　指教师的教学行为是自发的，不是外界强制的结果，而是来自好奇心、兴趣、信念等内在动机的推动。包含项目 5、8、13、27、34，共 5 个项目。

责任性　指教师把教学工作视为自己的责任或分内的事务，并对学生的学习负责，而不是把教学工作视为上级要求或外界强加的工作，它体现着教师对教学的社会价值的理解。包含项目 1、15、29、35、37，共 5 个项目。

---

① 姚计海．中小学教师教学自主的特点及其与教学创新观念关系研究．北京师范大学博士学位论文，2005.

独立性 指教师在教学过程中,尤其在面对教学问题时,力求在不依赖和期待外界帮助的情况下,独自思考、分析和解决问题。包含项目 10、12、25、31、36,共 5 个项目。

胜任性 指教师对自己的教学过程持积极肯定的态度,相信自己的教学能力,相信自己能够胜任教学工作。包含项目 2、19、20、30、33,共 5 个项目。

自省性 指教师对教学过程中的方法、策略以及教学困难和不足进行自我分析、评价和反思。包含项目 3、7、16、17、21、32,共 6 个项目。

自控性 指教师对自己在教学过程中所持有的教学观念、所表现出的教学情绪和教学行为等进行自我调节与控制。包含项目 11、18、22、23、26,共 5 个项目。

(三)施测与计分

教师教学自主性问卷适用于中小学各科教师自主性的测量。问卷使用时,采用统一的指导语进行团体施测,教师根据自己的实际情况进行作答。

问卷从"基本不符合"到"基本符合"采用 4 点计分法。其中"1"代表"基本不符合","2"代表"不太符合","3"代表"有些符合","4"代表"基本符合"。计分时,首先将反向计分的项目的得分进行转换,然后再进行计算。各维度对应项目的均分即为该维度的得分,所有项目得分的总均分即为教师的教学自主性得分,得分越高,表示教师的教学自主性越高。

(四)信效度分析

研究者[1]选取了北京、河北、宁夏、广东等地的 1222 名中小学教

---

[1] 姚计海.中小学教师教学自主的特点及其与教学创新观念关系研究.北京师范大学博士学位论文,2005.

师进行施测，最终的有效被试为 1104 名，其中小学教师 592 人、中学教师 512 人，并利用收集的数据分析了问卷的信效度。

分析结果表明，教学自主性问卷的总体内部一致性系数为 0.95，斯皮尔曼—布朗（Spearman-Brown）分半信度为 0.94，各维度的内部一致性系数均达到 0.70 水平，表明该问卷具有较高的信度。问卷测试一个月后选取了 30 名教师进行重测。整个问卷的重测信度为 0.848，各维度的重测信度都在 0.60 以上。其结果表明问卷具有较好的稳定性。

验证性因素分析结果表明，教师自主性是一个一阶七因素二阶单因素的模型。各项拟合指标如下：$\chi^2/df = 4.867$，NFI $= 0.977$，IFI $= 0.982$，TLI $= 0.979$，CFI $= 0.982$，RMSEA $= 0.058$。并且在不同特征（性别、学历、学校类型）样本中该结构也具有较高的稳定性，各项指标都达到了测量学要求。总体来讲，其结果表明该问卷具有较好的信效度，可用于教师教学自主性的测查。

附录：教师教学自主性问卷

指导语： 下面是一系列题目，每个题目都有 4 种不同的答案。从"基本不符合"到"基本符合"分别计为 1～4 分，请在与您自己的情况一致的相应的数字上打"√"。

	基本不符合	不太符合	有些符合	基本符合
1. 一般而言，学生学业成绩不好并不是我的责任。	1	2	3	4
2. 我相信自己能把握好教学中出现的各种问题。	1	2	3	4
3. 我经常思考自己教学的优势与不足。	1	2	3	4
4. 确定教学目标总是以学生的实际情况为依据。	1	2	3	4

	基本不符合	不太符合	有些符合	基本符合
5. 从事教学工作是我的人生追求。	1	2	3	4
6. 我的教学常常缺乏目标感。	1	2	3	4
7. 我经常在课前对教学情境和过程进行预想。	1	2	3	4
8. 教学是一件让我感到非常愉快的事情。	1	2	3	4
9. 制定教学目标是教育专家的工作。	1	2	3	4
10. 在与他人的教学合作中，我不依赖他人。	1	2	3	4
11. 我总是严格地按计划备好课。	1	2	3	4
12. 在教学中遇到难题时，我力求独立解决。	1	2	3	4
13. 教学工作常常让我有幸福感。	1	2	3	4
14. 我的教学有明确的目标。	1	2	3	4
15. 如果没有上好课，我会感到内疚或自责。	1	2	3	4
16. 我经常在课后对教学效果进行自我分析和评价。	1	2	3	4
17. 我很少思考我的教学存在哪些问题或不足。	1	2	3	4
18. 上课时，我善于调控好自己的情绪。	1	2	3	4
19. 我完全有能力胜任我的教学工作。	1	2	3	4
20. 我相信我的教学是受学生欢迎的。	1	2	3	4
21. 我很少在课后分析评价我的教学效果。	1	2	3	4
22. 我常常难以坚持自己的教学理念或想法。	1	2	3	4
23. 当课堂教学行为不适当时，我总能及时调整。	1	2	3	4
24. 每节课我都清楚要帮助学生学会什么。	1	2	3	4
25. 我在教学中遇到的问题很少是由我一个人解决的。	1	2	3	4

	基本不符合	不太符合	有些符合	基本符合
26. 如果教学方法不合适，我会及时改进、更新。	1	2	3	4
27. 即使教学条件不好，我也喜欢教学。	1	2	3	4
28. 我的教学紧紧围绕着教学目标来实施。	1	2	3	4
29. 我的教学效果会影响学生今后的发展。	1	2	3	4
30. 我有良好的教学素养和教学能力。	1	2	3	4
31. 能自己处理好的教学工作就一定自己处理。	1	2	3	4
32. 我经常分析与评价自己的教学观念和方法。	1	2	3	4
33. 我不知道自己能不能胜任教学工作。	1	2	3	4
34. 如果不是为了谋生，我会放弃教学工作。	1	2	3	4
35. 帮助学生更好地发展是我的教学职责。	1	2	3	4
36. 对于教学，我有自己的想法和见解。	1	2	3	4
37. 我觉得不必因为没有上好课而内疚或自责。	1	2	3	4

六、教师职业压力应对策略问卷

(一)概念界定

20 世纪六七十年代以来，国内外大量研究发现，教师是高压力的职业，并且教师的职业压力已经影响到教师的生理和心理健康，甚至影响到教师的教学质量[1][2]。因此，无论从提高教师自身的健康水

---

① Kyriacou，C.，Sutcliffe，J. *Teacher stress：prevalence，sources and symptoms.* British Journal of Educational Psycholoy，1978，48(2)，159—167.

② 邵光华，顾泠沅. 关于我国青年教师压力情况的初步研究. 教育研究，2002，9，20—24.

平，还是从提高教师教学质量的角度出发，关于教师职业压力应对策略的研究都具有重要的意义。应对策略，也称为具体的应对努力，是指个体处在一个特定的压力时其所采取的应对措施，包括认知的和行为的改变以及情绪的调整等[①]。个体的应对策略会根据压力本身的性质，随着时间或情境发生变化，具有变化性、情境性和应对效果的不确定性三个方面的特征。教师的职业压力应对策略是压力应对策略在教师的职业生涯或工作中的具体表现。

(二)问卷结构

教师职业压力应对策略问卷包含积极评价、幻想、情绪宣泄、计划解决、回避、自我调控、寻求支持、忍耐、接受责任、忽视 10 个维度。这 10 个维度又可以归为三个大维度，其中计划解决、积极评价、寻求支持、接受责任统称为主动面对型应对；幻想、情感宣泄、回避、忍耐统称为消极回避型应对；自我调控则称为自我调控型应对。具体来说，各维度相应的项目如下。

积极评价维度包含 6 个项目(1、10、15、28、41、43)，幻想维度包含 6 个项目(2、17、22、29、35、37)，情绪宣泄维度包含 5 个项目(11、23、24、31、38)，计划解决维度包含 6 个项目(8、9、16、26、27、36)，回避维度包含 5 个项目(12、18、30、32、34)，自我调控维度包含 4 个项目(3、6、13、40)，寻求支持维度包含 4 个项目(7、19、20、21)，忍耐维度包含 2 个项目(39、42)，接受责任维度包含 2 个项目(25、33)，忽视维度包含 3 个项目(4、5、14)。

(三)施测与计分

教师职业压力应对策略问卷适用于中小学各科教师职业压力应对

---

① 徐富明.中小学教师的职业压力应对策略及其相关因素的研究.北京师范大学硕士学位论文，2001.

策略的测量。问卷使用时，采用统一的指导语进行团体施测。

教师职业压力应对策略问卷采用 5 点计分法。从"非常不符合"到"非常符合"分为 5 个等级，其中"非常不符合"计为 1 分，"不符合"计为 2 分，"不确定"计为 3 分，"符合"计为 4 分，"非常符合"计为 5 分。各维度对应的项目得分的均分即为被试在相应的应对策略维度上的得分，得分越高，表示被试越倾向采用此策略应对职业压力。所有项目得分的均分即为教师职业压力应对策略的得分，得分越高，表明更善于采用合理策略应对职业压力。

(四)信效度分析

研究者[①]选取了山东省泰安市和莱芜市的 300 名中小学教师进行问卷调查，其中有效问卷 235 份。分析结果表明，各维度的内部一致性信度系数分别为 0.75、0.77、0.67、0.67、0.64、0.44、0.62、0.37、0.49、0.46，各系数均达到了显著性水平。尽管某些维度上的内部一致性系数比较低，但是总体来讲，问卷的信度还是可以接受的。

在进行效度分析时，选取教师的教学效能感作为效标，分析教师职业压力应对策略与它的相关。结果表明，主动面对型应对策略与教师的总体效能感、一般教育效能感、个人教学效能感呈显著正相关，其中积极评价和接受责任维度与总体效能感、一般教育效能感呈显著正相关，其他两个维度则不相关。消极回避型应对策略与总体效能感、一般教育效能感、个人教学效能感呈显著负相关，其中幻想、回避和情感宣泄三个维度均与总体效能感、一般教育效能感呈显著负相关。自我调控应对策略与总体效能感、一般教育效能感、个人教学效能感均呈显著正相关。这表明，教师职业压力应对策略问卷具有较高

---

① 徐富明. 中小学教师的职业压力应对策略及其相关因素的研究. 北京师范大学硕士学位论文，1999.

的效度。上述结果表明，该问卷达到了测量学的要求，可用于中小学
教师职业压力应对策略的测查。

附录：教师职业压力应对策略问卷

指导语：面对来自工作中的最大压力，我们为您列举了您可能采取的种种应对此工作压力的想法和做法。请您在每一条目后面的数字上画圈以表明在多大程度上符合您面对当前最大压力时实际的想法和做法。其中"5"代表"非常符合"，"4"代表"符合"，"3"代表"不确定"，"2"代表"不符合"，"1"代表"非常不符合"。例如："面对此压力，我会花费更多的时间和精力做我的工作"，如果这句话非常符合您目前应对您所面临的最大工作压力的实际想法和做法，就在"5"上面画"○"。

注意：①每一条目都要根据您的实际情况做出相应的选择。②每种做法和想法没有对错、好坏之分，都有其存在的价值。③您不必考虑大多数人如何做以及您应该怎么做，请根据您的真实想法和做法画圈。面对此压力：

	非常符合	符合	不确定	不符合	非常不符合
1. 我会努力改变现状，使情况向好的方向转化。	5	4	3	2	1
2. 我会在头脑中幻想事情可能的结果。	5	4	3	2	1
3. 我会尽量控制自己的情绪。	5	4	3	2	1
4. 我会在学校里进行一些身体锻炼。	5	4	3	2	1
5. 我会尽量避开鲁莽行事或凭第一感觉行事。	5	4	3	2	1
6. 我会尽力准备好所教的课程。	5	4	3	2	1
7. 我会请求同事帮忙解决问题。	5	4	3	2	1

	非常符合	符合	不确定	不符合	非常不符合
8. 我会幻想奇迹的出现。	5	4	3	2	1
9. 我会据理力争,不达目的不罢休。	5	4	3	2	1
10. 我会想我能从压力事件中学到一些东西。	5	4	3	2	1
11. 我会向别人发泄情绪。	5	4	3	2	1
12. 我会努力忘掉这令人心烦的压力事件。	5	4	3	2	1
13. 我会更加现实地看待我的工作目标。	5	4	3	2	1
14. 我会一切照常进行,就好像什么也没有发生一样。	5	4	3	2	1
15. 我会把所面对的压力直接告诉我的学生。	5	4	3	2	1
16. 我会向上一级主管部门或人员反映情况并寻求支持。	5	4	3	2	1
17. 我会幻想问题自动解决。	5	4	3	2	1
18. 我会抽出几天时间放松自己。	5	4	3	2	1
19. 我会抛弃一些不太合理的想法和做法。	5	4	3	2	1
20. 我会向其他当事人解释事件的原委。	5	4	3	2	1
21. 我会向有经验的亲戚、朋友请教问题解决的办法。	5	4	3	2	1
22. 我会在头脑中幻想事情的解决。	5	4	3	2	1
23. 我会和同事闲聊一些消遣性的话题。	5	4	3	2	1
24. 我会向与此有关的人表示不满。	5	4	3	2	1
25. 我会发现压力事件中幽默的一面。	5	4	3	2	1
26. 我会参加有关如何应对压力的热线讨论和研讨会等。	5	4	3	2	1
27. 我会制订一些应对压力的计划,并按计划去做。	5	4	3	2	1
28. 我会想所面对的压力事件有助于我的自我完善。	5	4	3	2	1
29. 我会祈求老天保佑。	5	4	3	2	1
30. 我不会去过多地想它,不让它纠缠我。	5	4	3	2	1

	非常符合	符合	不确定	不符合	非常不符合
31. 我会用某种方式宣泄情绪。	5	4	3	2	1
32. 我会认为"退一步海阔天空"。	5	4	3	2	1
33. 我会通过写日记等方式反思自己所从事工作的意义和价值。	5	4	3	2	1
34. 我会把大事化小,不把它看得太严重。	5	4	3	2	1
35. 我会想听天由命吧,我有时运气就是不好。	5	4	3	2	1
36. 我会求助于其他专业人员(如大学教师、教研员等)。	5	4	3	2	1
37. 我会幻想一些不现实的事来消除烦恼。	5	4	3	2	1
38. 我会在学校里主动找时间使自己放松、平静下来。	5	4	3	2	1
39. 我会告诫自己"能忍则忍"。	5	4	3	2	1
40. 我会尝试把每个学生当成独立的个人去认识。	5	4	3	2	1
41. 我会想压力可以激励我做出一些有创造性的事情。	5	4	3	2	1
42. 我会把不愉快的事埋在心里。	5	4	3	2	1
43. 我会想自身也会有所改变。	5	4	3	2	1

第三节 教师动力系统评价工具

一、教师教学效能问卷

(一)概念界定

教师的教学效能,从理论上讲源自班杜拉自我效能的概念。而关于教师教学效能的研究最早则是由阿默(Armor)和柏曼(Berman)发起的。人们通常把教师对自己影响学生学习行为和学习成绩的能力的这种主观判断定义为教师的教学效能[①]。大量研究表明，教师的教学效能感是学生成绩的重要预测变量[②]。

(二)问卷结构

教师教学效能问卷包含教师的一般教学效能感和个人教学效能感两个维度，共 27 个项目。

一般教学效能感　指教师对教与学的关系、教育在学生发展中的作用等问题的一般看法与判断；它包含项目 4、8、9、12、13、14、19、20、26、27，共 10 个项目。

个人教学效能感　指教师对自己教学效果的认识和评价；它包含项目 1、2、3、5、6、7、10、11、15、16、17、18、21、22、23、24、25，共 17 个项目。其中否定陈述句和项目 4 为反向计分题。

(三)施测与计分

教师教学效能问卷可适用于中小学各科教师教学效能感的测查。测验实施时，采用统一的指导语进行团体施测。

教师教学效能问卷采用 6 点计分法，从"完全不赞成"到"完全赞成"分为 6 个等级，其中"1"代表"完全不赞成"，"2"代表"基本不赞成"，"3"代表"有点不赞成"，"4"代表"有点赞成"，"5"代表"基本赞成"，"6"代表"完全赞成"。计分时，先将反向计分项目的得分进行转换，然后计算各维度的得分和总分。各项目对应项目得分的均分反映该维度上教师的教学效能感水平，得分越高，则说明该维度上的教学

---

①　Asthon，P. T. *Motivation and the teachers' sense of efficacy*. In：C, Ames. & R, Ames. (Eds.)，Research on motivation in education：Volume 2. *The classroom milieu*. Orlando，FL：Academic Press，1985，141—174.

②　俞国良，辛涛，申继亮. 教师教学效能感：结构与影响因素的研究. 心理学报，1995，27 (2)，159—166.

效能感越高。所有项目得分的均分即为教师教学效能感得分，得分越高，表示教师的教学效能感越高。

(四)信效度分析

编制者[①]以 382 名中学教师或将要成为中学教师的实习生为样本，测得一般教学效能感维度上的内部一致性系数为 0.74，个人教学效能感维度上的内部一致性系数为 0.84，总的内部一致性系数为 0.77，分半信度依次为 0.55、0.56、0.54。选择阿希诺(Ashtno)等人编制的"教师个人教学效能感问卷"为效标，两者的关联效度系数为 0.51，表明问卷具有良好的信效度，可用于中小学教师教学效能的测查。

附录：教师教学效能问卷

指导语：下面的陈述是关于教育教学问题的一些观点和看法，请您仔细阅读和认真考虑每一句话，然后在最符合您情况的选项上打"√"。选项之间没有好坏、优劣之分。您是否同意有关说法，都与对您个人的评价无关。

	完全不赞成	基本不赞成	有点不赞成	有点赞成	基本赞成	完全赞成
1. 我能根据课程标准吃透教材。	1	2	3	4	5	6
2. 我常不知道如何写教学计划。	1	2	3	4	5	6
3. 我备的课总是很认真、详细。	1	2	3	4	5	6
4. 一般来说，学生变成什么样是由先天决定的。	1	2	3	4	5	6
5. 我能解决学生在学习中出现的问题。	1	2	3	4	5	6

---

① 俞国良，辛涛，申继亮．教师教学效能感：结构与影响因素的研究．心理学报，1995，27(2)，159—166.

	完全不赞成	基本不赞成	有点不赞成	有点赞成	基本赞成	完全赞成

6. 课堂上遇到学生捣乱，我常不知道该怎么处理。　　1　2　3　4　5　6

7. 当一个学生完成作业有困难时，我能根据他的　　　1　2　3　4　5　6
　 水平调整作业。

8. 一个班上的学生总会有好有坏，教师不可能把　　　1　2　3　4　5　6
　 每个学生都教成好学生。

9. 教师对学生的影响小于家长的影响。　　　　　　　1　2　3　4　5　6

10. 我能很好地驾驭课堂。　　　　　　　　　　　　　1　2　3　4　5　6

11. 我和学生接触得很少。　　　　　　　　　　　　　1　2　3　4　5　6

12. 一个学生能学到什么程度主要与他的家庭状况　　　1　2　3　4　5　6
　　有关。

13. 如果一个学生在家里就没有规矩，那他在学校　　　1　2　3　4　5　6
　　也变不好。

14. 考虑所有因素，教师对学生成绩的影响力是很　　　1　2　3　4　5　6
　　弱的。

15. 一个学生不注意听讲，我常没有办法使他集中　　　1　2　3　4　5　6
　　注意力。

16. 只要我努力，我就能改变绝大多数学习困难的　　　1　2　3　4　5　6
　　学生。

17. 我不知道该怎样与家长取得联系。　　　　　　　　1　2　3　4　5　6

18. 要是我的学生的学习成绩提高了，那是因为我　　　1　2　3　4　5　6
　　找到了有效的教学方法。

19. 一般来说，学生变成什么样是家庭和社会决定　　　1　2　3　4　5　6
　　的，教育很难改变。

20. 即使一个教师有能力，也有热情，他也很难同　　　1　2　3　4　5　6
　　时改变许多差生。

21. 对于那些"刺儿头"学生，我常束手无策，不知　　　1　2　3　4　5　6
　　道该怎么帮助他们。

	完全不赞成	基本不赞成	有点不赞成	有点赞成	基本赞成	完全赞成
22. 如果学校让我教一门新课，我相信自己有能力完成它。	1	2	3	4	5	6
23. 如果一个学生前学后忘，我知道如何去帮助他。	1	2	3	4	5	6
24. 如果班上某学生爱捣乱，我相信自己有办法很快使他改正。	1	2	3	4	5	6
25. 如果学生完不成作业，我能准确地判断是不是作业太难了。	1	2	3	4	5	6
26. 好学生你一教就会，差学生再教也没有用。	1	2	3	4	5	6
27. 教师虽能提高学生的学习成绩，但对学生品德培养没有什么好的办法。	1	2	3	4	5	6

二、教师教学动机问卷

(一)概念界定

　　动机是由目标或对象引导、激发或维持个体活动的一种内在心理过程或内部动力[①]。它对个体行为具有激活、指向、维持和调整功能。教师的教学动机则表现为教师的教学积极性、教学态度和教学行为[②]。林崇德等[③]关于中小学教师责任感、积极性的研究表明，教师高度的责任感和积极性要求教师具有强烈的内在动机。可见，教师的

---

　　① Pintrich, P. R., & Schunk, D, H. *Motivation in education*: *Theory*, *research*, *and application*. Eaglewood Cliffs, NJ: Merrill-Pretice Hall, 1996.

　　② 衷克定，申继亮，辛涛. 小学教师教学动机的结构特征研究. 心理发展与教育, 1999, 2, 27—31.

　　③ 林崇德，申继亮，辛涛. 教师素质的构成及其培养途径. 中国教育学刊, 1996, 6, 16—22.

教学动机影响教师从事教学的积极性、教师的责任心和工作热情。

(二)问卷结构

教师教学动机问卷分为内部动机、外部动机和外部内化动机三个维度,共 20 个项目。

内部动机 指推动教师完成教学工作的内在行为动力,包含 1、3、4、6、8、18 题,共 6 个项目。

外部动机 指来自社会、人际关系或工作环境方面的能够推动教师完成教学工作的行为动力,包含 2、5、9、10、17 题,共 5 个项目。

外部内化动机 指外部动机向内部动机过渡的中介形态,包含 7、11、12、13、14、15、16、19、20 题,共 9 个项目。

(三)施测与计分

教师教学动机问卷适用于中小学各科教师教学动机的测量。研究者应用该问卷时,采用统一的指导语进行团体施测。

该问卷采用 4 点计分法,从"很不符合"到"完全符合"分为 4 个等级,其中"1"代表"很不符合","2"代表"不太符合","3"代表"部分符合","4"代表"完全符合"。计分时,每个维度相应项目得分的均分即为该维度得分,得分越高,表示相应维度上教师的教学动机越强烈。所有项目得分的均分即为教师教学动机的得分,得分越高,表示教师的教学动机越高。

(四)信效度分析

编制者[①]选取了 436 名小学教师作为被试,对教学动机的三种成

---

① 衰克定,申继亮,辛涛. 小学教师教学动机的结构特征研究. 心理发展与教育,1999,2,27—31.

分进行了验证性因素分析，结果表明：$\chi^2/df = 3.83$，IFI $= 0.82$，CFI $= 0.82$，GFI $= 0.87$，AGFI $= 0.83$。另外，各项目上的载荷均在 0.3 以上。其结果表明，教师的教学动机问卷能够较全面地反映教师教学动机的结构和成分，可以用于教师教学动机的测查。

附录：教师教学动机问卷

指导语： 下面是关于教师教学状况的调查，有些可能符合您的状况，有些可能不符合，请根据您的实际情况，选择合适的答案，并在相应的数字上打"√"。

	很不符合	不太符合	部分符合	完全符合
1. 从事教学工作对我来说是一种乐趣。	1	2	3	4
2. 为了不误人子弟。	1	2	3	4
3. 它能使我实现自己的人生价值。	1	2	3	4
4. 我喜欢和学生们在一起。	1	2	3	4
5. 为国家培养合格的人才。	1	2	3	4
6. 我所教的内容非常有趣，它能使我动脑筋。	1	2	3	4
7. 这样可以得到学生和家长的尊重。	1	2	3	4
8. 它能使我明白自己是否具有较强的能力。	1	2	3	4
9. 为了成为专家型教师。	1	2	3	4
10. 教学是我的事业。	1	2	3	4
11. 它能使我自身得到不断的发展。	1	2	3	4
12. 我知道自己应当认真教学，与别人的督促无关。	1	2	3	4
13. 对我来说，重要的是超过别人。	1	2	3	4
14. 学校领导非常重视教师的教学效果。	1	2	3	4

	很不符合	不太符合	部分符合	完全符合
15. 这样会使其他老师对我另眼相看，并受到重视。	1	2	3	4
16. 教学是我谋生的手段。	1	2	3	4
17. 为了祖国的教育事业。	1	2	3	4
18. 教学使我获得满足感。	1	2	3	4
19. 如果不认真，父母、爱人或其他亲人会不高兴。	1	2	3	4
20. 如果做得不好，我也会很不愉快。	1	2	3	4

三、教师职业承诺问卷

(一)概念界定

职业承诺(occupational commitment)是指由于个人对职业的认同和情感依赖，对职业的投入和对社会规范的内化而导致的不愿变更职业的程度[1]。对于具体的教师职业来讲，教师职业承诺是指个体对教师职业的认同与情感依赖，对教师职业投入和对教师规范内化而导致的不愿变更职业的程度[2]。教师的职业承诺不仅影响教师职业生涯的发展、教师与学生的身心健康，还影响到教师的工作绩效、工作满意度、职业倦怠等等[3]。研究发现，教师的职业承诺与职业倦怠显著负

---

[1] 龙立荣，方俐洛，凌文辁，李晔．职业承诺的理论与测量．心理学动态，2000，4，39—45.

[2] 高潇潇．中小学教师职业承诺和组织承诺的关系及其影响因素的研究．北京师范大学硕士学位论文，2002.

[3] 刘在花，卿素兰．教师职业承诺研究的新进展．外国教育研究，2006，33(12)，64—67.

相关①，与主观幸福感显著正相关②。

(二)问卷结构

教师职业承诺问卷的编制依据梅耶(Meyer)等人③提出的职业承诺三维态度论，采用公认的三成分分类法，将职业承诺分为三种成分：职业情感承诺、职业继续承诺和职业规范承诺。教师职业承诺问卷共 18 个项目，各维度具体的含义及相应的项目如下。

职业情感承诺 指个人愿意待在某职业的强烈愿望，具有强烈情感承诺的个体"愿意这样做"。包含 6 个项目：1、4、7、10、13、16，其中项目 4、10、13 为反向计分题。

职业继续承诺 指对离开某职业的代价的认知，具有强烈的继续承诺的个体则感到"需要这样做"。包含 6 个项目：2、5、8、11、14、17，其中项目 14 为反向计分题。

职业规范承诺 指个人待在某职业的一种义务感，具有强烈规范承诺的个体则感到"应该这样做"。包含 6 个项目：3、6、9、12、15、18。

(三)施测与计分

教师职业承诺问卷适用于中小学各科教师组织承诺状况的测量。测验进行时，研究者采用统一的指导语进行团体施测。

教师职业承诺问卷采用 5 点计分法，从"非常不同意"到"非常同

---

① 李义安，勇健. 中小学教师职业承诺、教学效能与职业倦怠的关系模型. 中国临床心理学杂志，2010，18(3)，360—362.

② 罗亚莉，刘云波，李衍玲. 教师职业承诺及其与主观幸福感的关系研究. 江西教育研究，2006，11，28—31.

③ Meyer, p., Allen, N. j., & Smith, C. A. *Commitment to organizations and occupations: Extension and test of a three-component conceptualization.* Journal of Applied Psychology, 1993, 78 (4), 538—551.

意"分为5个等级。其中"1"表示"非常不同意","2"表示"比较不同意","3"表示"不清楚","4"表示"比较同意","5"表示"非常同意"。计分时,将反向计分题转换,各维度对应项目得分的均分即为该维度的得分,得分越高,表示教师在该维度上的承诺性越高。所有项目得分的均分即为教师的组织承诺得分,得分越高,表示教师的职业承诺越高。

(四)信效度分析

编制者[①]选取了320名中小学教师,其中有效被试304名。运用收集的数据对问卷进行了信效度分析,结果表明:职业情感承诺的内部一致性为0.86,职业继续承诺的内部一致性为0.81,职业规范承诺的内部一致性为0.71。这一结果表明教师职业承诺问卷具有较好的信度。

验证性因素分析各拟合指标如下:$\chi^2/df=1.658$,CFI$=0.996$,NFI$=0.991$,IFI$=0.996$,RMSEA$=0.047$,这表明教师职业承诺问卷划分为三个维度是合理的。此外,选择工作满意度为效标计算其与教师职业承诺的相关,结果表明,工作满意度各维度与职业承诺总分均显著正相关,相关系数在$0.17\sim0.39$之间。这表明,教师职业承诺问卷具有良好的效度。上述结果表明,该问卷可用于中小学教师职业承诺的测查。

附录:教师职业承诺问卷

指导语:老师,您好!作为教师,您对自己的工作一定会有很多的感受和看法,下面的题目列出了您对自己的工作可能有的感受和看法。其中有些符合您的个人情况,有些不符合。每道题有5种选择,

---

① 高潇潇.中小学教师职业承诺和组织承诺的关系及其影响因素的研究.北京师范大学硕士学位论文,2002.

请从中选出一个最符合您真实情况的答案，并在相应的数字上打
"√"。您的选择仅用于研究，我们会为您保密。

<table>
<tr><td></td><td>非常不同意</td><td>比较不同意</td><td>不清楚</td><td>比较同意</td><td>非常同意</td></tr>
<tr><td>1. 当老师使我的自我感觉良好。</td><td>1</td><td>2</td><td>3</td><td>4</td><td>5</td></tr>
<tr><td>2. 我在教师职业中的付出很多，因此我不再考虑转行了。</td><td>1</td><td>2</td><td>3</td><td>4</td><td>5</td></tr>
<tr><td>3. 我认为，一个受过专业训练的人有责任在规定的期限内从事该职业。</td><td>1</td><td>2</td><td>3</td><td>4</td><td>5</td></tr>
<tr><td>4. 我后悔自己从事教师职业。</td><td>1</td><td>2</td><td>3</td><td>4</td><td>5</td></tr>
<tr><td>5. 目前，对于我来说，转行是很困难的。</td><td>1</td><td>2</td><td>3</td><td>4</td><td>5</td></tr>
<tr><td>6. 我认为，从事教师职业是一种义务。</td><td>1</td><td>2</td><td>3</td><td>4</td><td>5</td></tr>
<tr><td>7. 作为一名教师，我感到很自豪。</td><td>1</td><td>2</td><td>3</td><td>4</td><td>5</td></tr>
<tr><td>8. 如果转行，我的生活将受到很大的影响。</td><td>1</td><td>2</td><td>3</td><td>4</td><td>5</td></tr>
<tr><td>9. 我觉得我有责任继续当老师。</td><td>1</td><td>2</td><td>3</td><td>4</td><td>5</td></tr>
<tr><td>10. 我不喜欢当老师。</td><td>1</td><td>2</td><td>3</td><td>4</td><td>5</td></tr>
<tr><td>11. 目前，对我来说，转行将意味着付出很大的代价(即失去很多既得利益)。</td><td>1</td><td>2</td><td>3</td><td>4</td><td>5</td></tr>
<tr><td>12. 即便转行对我很有利，我仍然觉得现在离开教师职业是不对的。</td><td>1</td><td>2</td><td>3</td><td>4</td><td>5</td></tr>
<tr><td>13. 我对教师职业不感兴趣。</td><td>1</td><td>2</td><td>3</td><td>4</td><td>5</td></tr>
<tr><td>14. 现在，没有什么压力可以阻止我转行。</td><td>1</td><td>2</td><td>3</td><td>4</td><td>5</td></tr>
<tr><td>15. 假如转行，我会感到很内疚。</td><td>1</td><td>2</td><td>3</td><td>4</td><td>5</td></tr>
<tr><td>16. 我对教师职业满怀热情。</td><td>1</td><td>2</td><td>3</td><td>4</td><td>5</td></tr>
<tr><td>17. 我之所以当教师，是出于对教师职业的一种忠诚。</td><td>1</td><td>2</td><td>3</td><td>4</td><td>5</td></tr>
<tr><td>18. 现在，转行需要我个人做出很多牺牲。</td><td>1</td><td>2</td><td>3</td><td>4</td><td>5</td></tr>
</table>

四、教师组织认同问卷

(一)概念界定

组织认同是社会认同的一种特殊形式，是个体与组织具有一致性或从属于组织的知觉[①]。当个体认同于组织时，他就倾向于把自己与组织联系起来，组织的声望就是他的声望，组织的命运就是他的命运，组织的目标就是他的目标，组织的成功或失败就是他的成功或失败。组织认同是组织行为学的核心概念，研究发现，其与员工的离职意向、工作满意感、动机、绩效、对组织的忠诚、合作行为和组织公民行为等联系密切[②]。随后，在教师样本中也发现组织认同作为一个重要变量，与教师的工作满意度、离职意向、工作卷入有着密切的关系[③]。

(二)问卷结构

教师组织认同问卷是由切尼(Cheney)[④]编制的组织认同问卷改编而成的。该问卷由 17 个项目构成，是单一维度的结构。

(三)施测与计分

教师组织认同问卷适用于中小学教师和高校教师组织认同感的测量。研究者采用统一的指导语进行团体施测。

[①] Ashforth, B. E., & Mael, F. *Social identity theory and organization*. Academy of Management Review, 1989, 14(1), 20—39.

[②] Meger, J. P., Becker, T. E., & Dick, V. R. *Social identities and commitments a work: Toward an integrative model*. Journal of Organizational Behavior, 2006, 27(3), 665—683.

[③] Knipperberg, D. V., & Schie, E. C. *Foci and correlates of organizational identification*. Journal of Occupational and Organizational Psychology, 2000, 73, 137—147.

[④] Cheney, G. *On the various and changing meaning of organizational membership: A field study of organizational identification*. Communication Monographs, 1983, 50, 342—362.

教师组织认同问卷采用 5 点计分法,从"非常不同意"到"非常同意"分为 5 个等级。其中"1"表示"非常不同意","2"表示"比较不同意","3"表示"不清楚","4"表示"比较同意","5"表示"非常同意"。所有题目都采用正向计分,各项目得分的均分即为教师组织认同的得分,得分越高,表示教师对组织的认同程度越高。

(四)信效度分析

研究者[1]选取了 338 名中小学教师和 256 名高校教师作为有效被试,收集数据来验证该问卷的信效度。具体的结果如下:在中小学教师样本中,教师组织认同问卷的内部一致性信度为 0.92;在高校教师样本中,教师组织认同问卷的内部一致性信度为 0.92。结果表明,修订的教师组织认同问卷具有良好的信度。

研究者选取了 256 名高校教师为样本,进行验证性因素分析,各拟合指标如下:$\chi^2/df = 3.26$,CFI $= 0.87$,NFI $= 0.82$,IFI $= 0.87$,RMSEA $= 0.09$,TLI $= 0.85$,GFI $= 0.84$。结果表明,教师组织认同问卷的单维结构是合理的。选择情感承诺和自尊作为效标,考查教师组织认同问卷的效标关联效度。结果表明,在中小学教师和高校教师两个样本中,教师组织认同得分和情感承诺呈显著正相关,相关系数分别为 0.72 和 0.68;和自尊得分呈显著负相关,相关系数分别为 0.22 和 0.24。上述结果表明,修订的问卷达到了测量学的要求,可用于教师组织认同的测查。

附录:教师组织认同问卷

指导语:老师,您好!下面的题目列出了您对自己的学校可能有的感受和意见,其中有些符合您的个人情况,有些不符合。每道题有

---

① 李永鑫,张娜,申继亮.组织认同问卷(QIQ)在教师样本中的修订.心理与行为研究,2008,6(3),176—181.

5 种选择，请从中选出一个最符合您真实情况的答案，并在相应的数字上打"√"。

	非常不同意	比较不同意	不清楚	比较同意	非常同意
1. 总的来说，我们学校的老师都是在为共同的目标而工作。	1	2	3	4	5
2. 我为自己是所在学校的一员而感到自豪。	1	2	3	4	5
3. 学校的社会形象很好地代表了我的社会形象。	1	2	3	4	5
4. 我经常这样介绍自己："我在某某学校工作"或"我是某某学校的老师"。	1	2	3	4	5
5. 我们学校与其他同等级别的学校相比，有着明显的特色。	1	2	3	4	5
6. 我非常高兴在目前的学校而不是在其他的学校中工作。	1	2	3	4	5
7. 我向朋友们推荐说，我们学校是个工作的好地方。	1	2	3	4	5
8. 总的来说，学校的事情就是我的事情。	1	2	3	4	5
9. 我愿意付出额外的努力来帮助学校获得成功。	1	2	3	4	5
10. 当听到校外人士批评我所在的学校时，我会感到非常生气。	1	2	3	4	5
11. 作为工作单位，我对所在的学校有着深厚的感情。	1	2	3	4	5
12. 我愿意在所在的学校中一直工作到退休。	1	2	3	4	5
13. 我能感受到学校对我个人的关心。	1	2	3	4	5
14. 我的价值观和所在学校的价值观很相近。	1	2	3	4	5
15. 我所在的学校就是一个大多数成员都能够体验到归属感的"大家庭"。	1	2	3	4	5
16. 我发现自己非常容易认可目前所在的学校。	1	2	3	4	5
17. 我非常关心所在学校的命运。	1	2	3	4	5

五、教师职业倦怠问卷

(一)概念界定

1974 年，弗洛登伯格(Freudenberger)[1]首次提出了"职业倦怠"一词，描述助人行业中精力衰竭的人们，后来，职业倦怠作为一个与压力密切相关的问题，引起了研究者的广泛关注。教师既是人际服务行业又是一种高压力的职业，他们的职业倦怠毫无悬念地成为心理学研究的热点。教师职业倦怠是指教师不能顺利应对工作压力时的一种极端反应，是教师在长期压力体验下产生的在情感、态度和行为上的衰竭状态，包括情感衰竭、去人性化和低个人成就感三个成分，其典型特征是工作满意度低、工作热情和兴趣丧失及情感的疏离和冷漠[2]。职业倦怠降低教师的工作热情，危害教师的身心健康，进而影响到教师的教学质量，妨碍整个教育事业的发展。

(二)问卷结构

教师职业倦怠问卷分为情感衰竭、人格解体、个人成就感降低三个维度，包含 22 个项目，其中项目 3、8、9、10、13、16、17、21 为反向计分题。每个维度的含义及项目如下。

情感衰竭　是职业倦怠的核心成分和个体压力维度，是指个体的情绪处于极度疲劳的状态，情感资源过度消耗，疲乏不堪，精力丧失。包含项目 1、4、5、6、7、11、14、22，共 8 个项目。

人格解体　又称为"去人性化"，是职业倦怠的人际关系维度，是指个体感受到对待服务对象的一种负性情绪，并在工作中对工作对象

①　Freudenberger, H. J. Staff burn-out. Journal of Social Issues，1974，30，159—165.

②　邵来成，高峰勤. 中小学教师职业倦怠现状及其与社会支持的关系研究. 山东师范大学学报(人文社会科学版)，2005，50(4)，150—153.

表现出消极、冷漠、疏远的态度。包含项目 2、12、15、18、19、20，共 6 个项目。

个人成就感降低　是职业倦怠的自我评价维度，是指在工作中对自己的效能感的降低和对自己消极评价倾向的增长。包含项目 3、8、9、10、13、16、17、21，共 8 个项目。

(三)施测与计分

教师职业倦怠问卷适用于中小学教师职业倦怠状况的测量。研究者采用该问卷时，使用统一的指导语进行团体施测。

该问卷采用 7 点计分法，从"从不"到"总是"分为 7 个等级。其中"1"代表"从不"，"2"代表"极少"，"3"代表"偶尔"，"4"代表"有时"，"5"代表"经常"，"6"代表"极多"，"7"代表"总是"。计分时，先将反向计分题进行转换，各维度对应项目得分的均分即为该维度的得分，得分越高，表示教师在该维度上的倦怠程度越高。所有项目维度得分的总均分即为教师职业倦怠的得分，得分越高，表示教师的职业倦怠程度越高。

(四)信效度分析

编制者[1]选取了北京、天津、郑州市的 1380 名中小学教师作为被试进行施测，对收集到的数据进行了信度和验证性因素分析。分析结果表明，情感衰竭、去人性化和个人成就感降低三个分维度的内部一致性系数分别为 0.90、0.75、0.82，表明问卷具有较好的信度。

验证性因素分析结果如下：$\chi^2/df = 598$，NFI $= 0.95$，CFI $= 0.96$，RMSEA $= 0.063$，表明教师职业倦怠问卷具有良好的结构效度，分为三个维度是合理的。编制者从中选择了郑州市的 154 名中小

---

① 伍新春，余蓉蓉，臧伟伟. 中小学教师职业倦怠问卷的进一步修编. 待发表.

学教师进行施测,对收集的数据进行了效标关联效度分析,选择自我效能感、抑郁和敌对作为职业倦怠的效标。相关分析表明,自我效能感与个人成就感降低维度的相关系数为 0.44,与去人性化和情感衰竭两个维度的相关系数分别为 0.36 和 0.26。抑郁与情感衰竭维度的相关系数为 0.59,与去人性化和个人成就感降低两个维度的相关系数分别为 0.25 和 0.19。敌对与情感衰竭和去人性化两个维度的相关系数分别为 0.49 和 0.32。上述结果表明,教师职业倦怠问卷具有良好的信效度,达到了测量学要求,可用于中小学教师职业倦怠情况的测查。

附录:教师职业倦怠问卷

指导语:下面的描述都是与工作有关的感受,请您在数字 1~7 中选择一个最符合您体验到这种感受程度的数字并打"√"。

	从不	极少	偶尔	有时	经常	极多	总是
1. 我觉得教学工作耗尽了我的情绪和情感。	1	2	3	4	5	6	7
2. 我觉得我常把学生当做无生命的物体来对待。	1	2	3	4	5	6	7
3. 我可以很容易地理解学生的感受。	1	2	3	4	5	6	7
4. 在工作中我有一种被掏空的感觉。	1	2	3	4	5	6	7
5. 我觉得这是一份令人心力交瘁的工作。	1	2	3	4	5	6	7
6. 我觉得自己在透支生命。	1	2	3	4	5	6	7
7. 工作一天后,我感到精疲力竭。	1	2	3	4	5	6	7
8. 我可以有效地处理学生的问题。	1	2	3	4	5	6	7
9. 我在工作中做了一些有价值的事情。	1	2	3	4	5	6	7
10. 和学生在一起时,我可以很容易地创造一个轻松的氛围。	1	2	3	4	5	6	7
11. 早上起床后我会觉得很疲乏。	1	2	3	4	5	6	7

	从不	极少	偶尔	有时	经常	极多	总是
12. 我觉得学生对我处理问题的方式感到不满。	1	2	3	4	5	6	7
13. 我觉得我对他人的生活有积极影响。	1	2	3	4	5	6	7
14. 我觉得我在工作中付出太多。	1	2	3	4	5	6	7
15. 我有骂学生的冲动。	1	2	3	4	5	6	7
16. 我可以给学生一些有益的指导。	1	2	3	4	5	6	7
17. 当学生遇到问题的时候愿意和我交流。	1	2	3	4	5	6	7
18. 我对学生很苛刻。	1	2	3	4	5	6	7
19. 我因为一点小事就把学生劈头盖脸地骂一顿。	1	2	3	4	5	6	7
20. 我很少表扬学生。	1	2	3	4	5	6	7
21. 我能够帮助学生找到自信。	1	2	3	4	5	6	7
22. 从早到晚我的脑袋里都有一根弦紧绷着，让我觉得很难受。	1	2	3	4	5	6	7

六、教师专业发展能动性问卷

(一)概念界定

从历史上看，教师专业发展经历了从非专业化到专业化、个人专业化到群体专业化、个体被动专业化到个体主动专业化的发展历程[①]。当前，我国中小学教师正处在由个体被动专业化到个体主动专业化的过渡阶段，实现这一转化的关键是发挥教师专业发展的能动性。所谓教师专业发展能动性是指在专业发展实践过程中，教师个体积极主动地为改变自身的发展境遇及其所处的发展环境做出选择，并

---

① 申继亮，姚计海．心理学视野中的教师专业发展．北京师范大学学报(社会科学版)，2004，1，33—39.

朝着选择的方向施加影响的个人品质①。教师专业发展的能动性可以使一个教师转化为一个学习者、一个持续的实践探究者、一个行动的研究者，最终成为真正意义上的专业发展主体。

(二)问卷结构

教师专业发展能动性分为教师专业发展个人能动性和教师专业发展环境能动性两个维度，共 13 个项目。每个维度的含义及相应的项目如下。

教师专业发展个人能动性　主要涉及教师的自我引导、自我激励、自我评价和自我反思等自我支配与调节的过程。包含项目 1、2、3、4、5、6、7，共 7 个项目。

教师专业发展环境能动性　主要涉及教师与相关群体进行专业合作的活动，包括学生、专家、领导、同事、家长等。包含项目 8、9、10、11、12、13，共 6 个项目。

(三)施测与计分

教师专业发展能动性问卷适用于中小学教师专业发展能动性的测量。测量时采用统一的指导语进行团体施测。

教师专业发展能动性问卷采用 9 点计分法，从"很难做得到"到"完全能做到"，分为 9 个等级。计分时，各维度对应项目的均分即为该维度的得分，得分越高，表示教师在该维度上具有较高的专业发展能动性。所有项目得分的均分即为教师专业发展能动性的得分，得分越高，表示教师专业发展的能动性越高。

---

① 张娜. 教师专业发展能动性的结果、特点及发展机制. 北京师范大学博士学位论文，2006.

(四)信效度分析

研究者①选取了 249 名中小学教师作为有效被试,收集数据,分析了教师专业发展能动性问卷的信效度。结果表明,教师专业发展能动性问卷的内部一致性系数为 0.92,说明教师专业发展能动性问卷具有较好的信度。

验证性因素分析结果如下:$\chi^2/df = 1.87$,CFI$= 0.97$,NFI$= 0.97$,IFI$= 0.96$,RMSEA$= 0.057$。结果表明,教师专业发展能动性问卷具有良好的结构效度。研究选取了教师的一般能动性得分作为效标,发现两个问卷呈显著正相关,相关系数为 0.37,表明教师专业发展能动性问卷具有较好的效度。上述结果说明,教师专业发展能动性问卷的信效度达到了测量学的标准,可用于教师专业发展能动性的测查。

附录:教师专业发展能动性问卷

指导语:以下是我们对教师专业发展状况进行的描述,请在每个题目后面选择与您的实际情况相符合的答案,并在相应的数字上画"○"。

	很难做得到	能做到一点	能做到一些	基本能做到	完全能做到
1. 我的目标是帮助学生进步,为此我坚持在课上采用新的教学活动和策略。	1 2	3 4	5 6	7 8	9
2. 我力求了解每个学生特定的学习风格和需要,据此合理地制订教学计划。	1 2	3 4	5 6	7 8	9

---

① 张娜.教师专业发展能动性的结果、特点及发展机制.北京师范大学博士学位论文,2006.

3. 当遇到某些难教的学生时，我会审视自身   1 2 3 4 5 6 7 8 9
的态度和做法是否有不妥的地方。

4. 我喜欢尝试新的教学策略和活动，尽管有   1 2 3 4 5 6 7 8 9
时我不知道结果会怎样。

5. 我尝试使用多种教学策略，让班上不同类   1 2 3 4 5 6 7 8 9
型的学生都能学好。

6. 看到学生的测验结果后，我会给自己的教   1 2 3 4 5 6 7 8 9
学实践打分。

7. 即使领导不给我安排做研究课的任务，我   1 2 3 4 5 6 7 8 9
也会想着如何上好每节常态课。

8. 本学年我计划找有经验的教师专家指导我   1 2 3 4 5 6 7 8 9
的教学，以便帮助学生学得更好。

9. 我主动邀请同事听我的课并提供课堂反馈，   1 2 3 4 5 6 7 8 9
以改进教学目标。

10. 我与学生讨论我的教学，以便更好地了解   1 2 3 4 5 6 7 8 9
学生的需求和我需要做的改变。

11. 我主动与学生和家长交谈获得反馈信息，   1 2 3 4 5 6 7 8 9
据此改进我的教学。

12. 我和同事们经常在一起合作实现我们的   1 2 3 4 5 6 7 8 9
专业发展目标。

13. 当我想尝试新的教学活动的时候，我会   1 2 3 4 5 6 7 8 9
努力赢得领导的认同与支持。

七、教师教育观念问卷

(一)概念界定

　　教师的教育观念，是指教师在教育、教学实践中形成的，对相关教育现象，特别是对自己的教学能力和所教学生的主体性认识。它直接影响着教师的知觉、判断，进而影响其教学行为。它是一种微观的观念，与平时所说的"转变教育观念"中的宏观的"教育观念"是有所不同的，对特定的教师而言，个体的教育观念是一种真理性的存在，具有明显的情感性、评价性和情境性。教育观念共包括基础教育的价值观、学生观、学校教育活动观三个方面[①]。

(二)问卷结构

教师教育观念问卷共包含三个维度九个项目，各维度的含义如下。

基础教育的价值观　有关教育价值观方面的教育观念包括未来性、生命性和社会性。"未来性"要求中小学为学生的终身学习与发展奠定基础。"生命性"要求教师懂得珍爱生命，懂得生命的整体性，懂得青少年时期对于人生独特的重要价值，并善于开发生命的潜力和指导生命发展。"社会性"包括两方面的含义：一是必须把社会发展的需要和社会对人的要求的变化作为学校教育的重要内容；二是教育过程也是学生社会化的过程。

学生观　在学生观的更新上，要关注主动性、潜在性和差异性。学生"主动性"发展的最高水平是能动、自觉地规划自身的发展，是教育成功的重要标志。认识和重视学生的"潜在性"是指教育者要看到学生存在着多种发展的潜在可能性。"差异性"是指教师要承认每一个学生都具有自己的独特性，每个人都是唯一的"这一个"。

学校教育活动观　就是有关学校教育活动及其相互关系特性的本质认识，具有指导和构建学校教育实践的重要价值。学校教育活动观包括双边共时性、灵活多样性和综合渗透性。"双边共时性"强调教育活动由师生共同参与。"灵活多样性"是指教育活动的内容方法与过程在设计上都应该是多样的，没有固定的模式。"综合渗透性"强调教育活动是以综合为特征，并对人的发展具有综合作用的功能。

---

　　① 王树华. 中小学教师教育观念：现状及相关因素的研究. 北京师范大学硕士学位论文，2000.

(三)施测与计分

该问卷适用于中小学教师教育观念的测查。施测时采用统一的指导语，以团体施测的方式进行。该问卷采用两种或多种矛盾的现象，每一个教师都要强迫选一个答案，并对自己所选答案进行肯定程度的描述，"有点肯定"计 1 分，"比较肯定"计 2 分，"非常肯定"计 3 分，"完全肯定"计 4 分。

附录：教师教育观念问卷

指导语：这是一项有关教育方面的调查研究，我们想了解您对以下问题的看法。本调查共有 9 个问题，请根据您的真实想法对每个问题做出回答，并将相应的答案选项写在专门的答题纸上。若您的想法超出了选项的范围，请您强迫自己选一个与您的想法最接近的答案。

谢谢您的合作！

1. 您认为下面哪种说法最恰当？

A. 接受中小学教育，只对学生升学有用

B. 接受中小学教育，不仅对学生升学有用，而且对选择职业、接受职业培训都有帮助

C. 接受中小学教育，不仅对学生升学就业有影响，而且对学生的实际工作能力和生活等方面都有影响

D. 接受中小学教育，对学生的影响可以持续一生

您对所选择答案的肯定程度为：

A. 完全肯定　　B. 非常肯定　　C. 比较肯定　　D. 有点肯定

2. 假设有一节语文课，教师可以自由安排。教师甲让学生在教室里复习功课，巩固已学的知识，这样对提高成绩非常有帮助。教师乙决定带学生去参观画展，这样学生可以受到一次艺术美的陶冶，但是没有时间复习、做练习。在这种情况下，您更赞同哪位教师的做法：

A. 教师甲　　　　B. 教师乙

您对所选择答案的肯定程度为：

A. 完全肯定　　B. 非常肯定　　C. 比较肯定　　D. 有点肯定

3. 教师甲认为学习是学生的天职，作为学生就必须好好念书，少跟社会接触，以免受社会不良因素的影响，妨碍学习。教师乙认为中小学生终究要走上社会，应该培养学生适应社会的能力，作为教师要想方设法创造一些条件让学生接触社会。您更赞同哪一位教师的看法：

A. 教师甲　　　　B. 教师乙

您对所选择答案的肯定程度为：

A. 完全肯定　　B. 非常肯定　　C. 比较肯定　　D. 有点肯定

4. 对于一个单元的教学，教师可能有不同的做法，您更赞同下面哪一种：

A. 教师讲，不讨论，节省大量时间让学生当堂练习，巩固新知识

B. 教师边讲边讨论，讨论学生的提问，调整讲课内容，减少学生做练习的时间

您对所选择答案的肯定程度为：

A. 完全肯定　　B. 非常肯定　　C. 比较肯定　　D. 有点肯定

5. 下面两种观点，您更倾向于哪一种：

A. 所有学生都有潜力

B. 并不是所有学生都有潜力

您对所选择答案的肯定程度为：

A. 完全肯定　　B. 非常肯定　　C. 比较肯定　　D. 有点肯定

如果您选择上述的观点B，请继续回答下面的问题：

(1)请将下面四种观点按同意程度排序，把最同意的观点的字母放在第一位，最不同意的观点的字母放在最后一位：_____

A. 优秀的学生才有潜力

B. 学习差且调皮的学生才有潜力

C. 学习差但不调皮的学生才有潜力

D. 学习中等的学生才有潜力

(2)关于男生和女生的说法，您更赞同下面哪一种观点：

A. 男生、女生都有潜力

B. 男生比女生更有潜力

C. 女生比男生更有潜力

您对所选择答案的肯定程度为：

A. 完全肯定　　B. 非常肯定　　C. 比较肯定　　D. 有点肯定

6. 下面有两种教学模式：

A. 自助餐的教学模式，即完全打破年级、班级的界限。这样每个教学班内的所有学生，不管年龄大小、性别如何，其学习能力都相近。教师教学不必为学生水平的差别而发愁，因此容易控制教学进度，提高教学的效率。学生可根据自己的现有学习水平和学习能力选择学习的课程

B. 按常规方式分年级分班级系统地进行教学。这样便于组织教学和管理学生，也便于系统地安排教学内容

如果条件允许，您更赞同采用上述哪一种模式：

A. 模式A　　B. 模式B

您对所选择答案的肯定程度为：

A. 完全肯定　　B. 非常肯定　　C. 比较肯定　　D. 有点肯定

7. 数学老师讲集合概念时，举例说，"人"就是一个集合，男人和女人分别是两个子集，子集之和等于全集。这时有个学生站起来问："老师，不男不女的人属于哪个子集？"引得全班同学哄堂大笑。老师当堂批评了这个学生。

您对老师的做法持什么态度，请在下面选择您最赞同的一种：

A. 赞同批评，因为他钻牛角尖，扰乱了课堂秩序，影响了正常的教学活动

B. 不赞同批评，因为批评他浪费时间，会影响其他学生的注意力

C. 不赞同批评，因为学生的提问有助于教师改进今后的教学

您对所选择答案的肯定程度为：

A. 完全肯定　　B. 非常肯定　　C. 比较肯定　　D. 有点肯定

8. 对于下面关于学校的看法，您更同意哪一种观点：

A. 学校就是学生学习的地方，所以学生的全部精力都要用在学习活动上

B. 学校可以搞一些活动，如带领学生参观，请人做报告，组织各种文艺活动、体育比赛。尽管学生坐在教室里读书学习的时间相对少了，但这样做可以开阔学生的视野，活跃气氛，发展学生多方面的才能

您对所选择答案的肯定程度为：

A. 完全肯定　　B. 非常肯定　　C. 比较肯定　　D. 有点肯定

9. 学校让语文老师和数学老师一起备课。您对此的看法倾向于下面哪一种：

A. 不赞成这种做法，因为彼此的教学内容和方法不一样，在一起备课纯粹是浪费时间

B. 赞同这种做法，因为彼此能相互启发，拓宽视野，增进对学生的了解

您对所选择答案的肯定程度为：

A. 完全肯定　　B. 非常肯定　　C. 比较肯定　　D. 有点肯定

第五章
教师评价的实施

第一节 教师评价实施的 T 型理论

在充分考查教师评价现状与教师专业发展理论的基础上，我们强调他人多元比较与教师自主比较相结合、常模参照评价与标准参照评价相结合、共时性评价与历时性评价相结合，建构了教师评价组织实施的 T 型理论。

一、T 型理论的基本内涵

我们建构的 T 型理论要求在横向上进行他人多元比较，在纵向上进行教师自主比较，可以用英语大写字母"T"进行简洁的表达。T 的"一横"代表着教师评价体系中横向他人多元比较的部分，T 的"一竖"代表着教师评价体系中教师纵向自主比较的部分，而横竖间的交点表明二者相互补充、缺一不可，是有机结合的关系（见图 5-1）。

T 型理论表明，他人多元比较与教师自主比较既有联系又有区别。两者都以提高教育质量为最终目的，评价的程序都具有标准化与操作化的特点，测评将主观评定与客观测量相结合，实施评价后都向

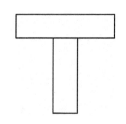

图 5-1　教师评价实施模型

教师提供反馈。他们在评价目标与起点等方面又具有不同之处。两者的关系可参见表 5-1。

表 5-1　T 型理论之他人多元比较与教师自主比较的关系

		他人多元比较	教师自主比较
相同点	目的	提高教育质量	
	程序	标准化、操作化	
	测评	主观评定与客观测量相结合	
	反馈	提供	
相异点	目标	加强教师管理	促进教师发展
	起点	教师基本职责	教师生涯特点
	类别	以终结性评价为主、以常模参照评价为主	以形成性评价为主、以标准参照评价为主
	方式	领导、同事、学生、家长评价	教师自主评价
	流程	共时性	历时性
	结果	绩效评价	有效性评价

二、横向他人多元比较

为了提高教育质量，就必然要加强教师管理。横向他人多元比较起着约束和管理教师队伍的作用。横向他人多元比较的起点是基于教师的基本职责。在新课程背景下教师的主要职责是教学、辅导与管理，这些领域的表现将成为他人多元比较的重点。这种比较的性质原则上属于终结性的评价，往往在期（年）末由他人对教师进行评价，总结教师在某一时间段内的工作表现。评价除了依据教师的基本职责以外，还在同一时间将教师的工作表现与其他同事的工作表现进行比较，这在某种程度上属于常模参照评价。为了确保他人评价的客观性，适宜采用他人多元比较的方法，学生、家长、学校管理者和同事等提供的与教师工作相关的信息都成为教师评价的重要组成部分。此类评价的结果是对教师进行绩效考核，根据常模区域范围的不同，可以对教师在学校、学区或地区中的排名进行比较，从而评定教师是属于合格还是不合格，评价结果为教师评优、晋级和聘用问题提供事实依据。

在进行横向他人多元比较的过程中，主要以终结性评价和常模参照评价为主，具有共时性的特点，但是把他人多元比较的结果进行前后多次比较，追踪教师在群体中地位的变化以及教师与评价标准的差距，那么这种评价也具有形成性评价、标准参照评价和历时性评价的特点。

三、纵向教师自主比较

纵向教师自主比较的目标是促进教师的专业发展，以教师的生涯规划为起点，把教师的道德素质与专业素质作为考察的重点。根据教师工作的特殊性，教师在不同的生涯阶段所具有的责任心、进取心、爱心、工作价值观、职业认同感、自主发展的需要、反思意识、反思能力与科研能力都将是纵向比较的主要内容。在此类评价中，教师个体是评价的主体，教师可以根据自己的需要对照优秀教师发现自己的优点，找出自己的不足，所以此种评价可以看成是形成性评价和标准参照评价。由于教师在不同的时间段对自己不断做出评价，这种评价具有历时性和动态性的特点。教师不被外控的评价所束缚，通过自主的客观评定与主动反思，改变他人评价的外部反馈方式，以自我反馈的方式提高工作表现与素养。教师自主评价的结果是判断优秀教师的依据，从而为提高教师道德与专业素养奠定基础。

杜威在其评价理论中曾指出，"目的是会发展的，人是会上进的，人必须发展他拥有的标准和理想。我们要相信我们的智慧，去研究我们所期望实现的目标之手段，去分析那些阻碍手段的实践，致力于情势的改进，行动是解决问题情境的手段"①。教师通过纵向自我比较，一方面以自我反思和行动研究的方式，提高对新形势下的教育变革和学生变化的应对能力，使教师在自我反思的过程中获得专业的成长。另一方面，教师通过建立专业发展共同体，分享、建构新的教育观念和专业知识。在发展共同体中建立彼此支持的人际关系，确立共同的愿景和价值，从而为教师的发展创设和谐的组织氛围，促进教师对自身教学经验的理论升华、迁移，教师主动探究教学问题，进而监控、调节、修正教学实践的过程。

第二节　教师评价的实施与管理

我们认为，无论是基于教师管理的绩效性评价还是基于教师专业的发展性评价，教师评价的最终目的在于提升教育质量。围绕上述目标，从教师评价内容的角度，我们整合各种评价理论并基于教师素质的构成提出了教师评价的金字塔模型；从教师评价实施的角度，我们以金字塔模型为参照开发了大量的教师评价的科学测量工具，并提出了教师评价实施的 T 型理论。金字塔模型在内容上为科学实施教师评价提供了参照，T 型模型是确保教师评价终极目标实现的重要途径。

————————

① 杜威．哲学的改造．胡适，唐黄肇译．合肥：安徽教育出版社，2006.

基于 T 型模型的内涵，采用多种方法实施评价并对评价结果进行科学管理。在 T 型模型的评价实施与管理中不仅需要设定评价目标、培训评价人员、实施测评、提供信息反馈等评价过程，而且还需要营造氛围、建立必要的评价环境等重要的外部条件。

一、T 型模型的评价实施

（一）设定评价目标

基于 T 型模型的评价要实现绩效评价与有效性评价的双重目标，做到学校目标与教师个人目标相结合、长远目标与近期目标相结合。因此 T 型模型在设定目标的过程中，要求学校领导、中层干部、教研组长、教师共同参与制定学校的教师评价目标。制定过程可以遵循以下步骤：第一，由教师提出个人在教学、辅导与管理能力各方面最需要改进的地方，由教研组长提出所在学科的发展目标，由中层干部提出学校管理层面的要求，由学校领导提出学校整体性的目标以及学校对教师的要求。第二，就各个群体提出的目标要求召开论证会，论证会除上述人员参加以外，还要邀请教育主管部门的领导与高校的专家组成论证委员会，由委员会协商制定学校的发展目标与教师发展的目标，设定开展教师评价的绩效目标与发展目标，为开展教师评价提供基本的框架。第三，将教师评价目标分解为长远目标与近期目标，如有条件，还可以增加中期目标，防止目标太大而不可能实现，但也不宜设置得过于简单，从而导致一蹴而就的局面。教师评价目标应该是教师绩效与专业发展的"最近发展区"。第四，学校公布教师评价目标与实施细则，并与教师个人签订在绩效与专业发展上的责任书，明确学校在保障教师取得业绩与专业发展的措施，明确教师个人在不同时期的绩效与专业发展上的详细要求。

(二)培训评价人员

基于 T 型模型的教师评价要求全体教师都是评价人员，都需要接受培训，而培训教师的过程本身就是促进教师专业发展的具体措施。这显然只是明确了"培训谁"的问题，而"谁培训""培训什么"则是培训过程中的关键。第一，起始培训是由具有丰富实践经验的高校理论专家与具有相当理论水平的学校实践专家组成小组，共同探讨学校的发展要求并商定本校教师评价的程序。第二，当学校教师评价目标确定以后，培训小组需要重点掌握评价工具的意义、实施评价的方法、操作程序与要点、评价结果的解释等。第三，培训小组通过各类会议或活动引导教师理解自身在教学、辅导与管理各个方面的要求与个人目标，以及每位教师实现绩效目标与专业发展目标上可采用的措施与方法。第四，在实施评价以后，培训小组还要注意提高全体教师对评价结果的解读能力，为教师指明提高业绩及专业发展水平的方向与方法。

(三)实施测评

为了实现教师评价的科学性、真实性与可行性，T 型模型采用多种方法达到主观评价与客观评价相结合。第一，全方位评价。一方面，评价主体多元，应包括学校、领导、同事、学生、家长以及教师本人；另一方面，评价内容多样化，包括教师的教学能力、辅导能力以及管理能力，既有教师的绩效评价，也有教师专业发展水平评价。第二，定量评价与定性评价相结合。一方面，采用客观测量的方法，对教师在教学、辅导与管理各个方面进行客观测评，对评价结果进行全面分析，既要结合教师专业发展水平进行自我分析，同时也要与参评群体相比较，了解教师在参评群体中的位置；另一方面，采用质性分析的方法，如关键事件访谈法、教育日志、成长史分析、传记研究等对教师外在行为和内在素质进行更深入的评价。第三，通过加权的方式实现客观测量与主观评价的相互统一，在综合评价教师的过程中，对教师的起始水平、发展水平确定不同系数的权重来评定教师的绩效与专业发展水平。比如在绩效评价中，将起始水平与发展水平确定为相同的权重，而在发展性评价中加大对发展水平的权重，从而实现绩效与有效性评价的不同目标。

(四)提供反馈信息

在基于 T 型模型的教师评价过程中，及时提供反馈信息是提升教师绩效与促进教师专业发展的重要手段。第一，畅通信息反馈渠道，确保学校组织向教师个体提供足够的反馈信息，引导教师与学校内其他教师进行比较，同时要求教师与自己以前的绩效进行比较。第二，信息反馈方式多样化，既可以通过网络实现，也可以以纸质书面报告提供，为教师提供起始绩效与专业发展水平以及匿名他人相关信息，引导教师进行横向他人比较与纵向自我比较。第三，建立教师专业发展指导中心，教师在与他人或自己做出比较后，可以及时获得学校教师评价专门组织为其提供的咨询与帮助。

二、T 型模型的评价管理

(一)营造氛围

学校氛围会直接影响基于 T 型模型的教师评价能否顺利实施。如果学校形成了追求学生发展为本的教育目标，创设了教师的绩效与学生发展相挂钩的氛围，同时全体教师能够深刻领会教师专业发展的内涵，则学校实行 T 型模型的教师评价将会更加顺利。因此，每所学校实行 T 型模型的教师评价，首先要根据教育的终极目标与本校的特殊情况，明确提出符合本校实际的教师评价目标体系，要营造教师评价的最终目的就是实现学生发展的氛围，要营造一种教师发展与学校发展相融合的氛围。其次，营造氛围的途径可以采用专家讲座、教师读书会、研讨会、外出参观学习、科研报刊宣传等多种方法进行，要让教师深切感受到教师评价不是学校为难教师，而是为教育质量的提高与促进教师的专业发展而开展的一项有意义的专业性工作。

（二）建立评价管理平台

运用现代信息技术，建立有助于教师横向他人比较与纵向自我比较的网络平台，这是确保基于 T 型模型教师评价有效实施的基本保障。第一，利用信息技术建立教师电子档案，储存和管理教师的工作记录。如扫描教师制作的多媒体文稿、教学录像等。第二，采用教学录像分析技术，将教学录像进行编码分析，把以编码为依据的量化分析和专家对教师教学的定性评价同时提供给教师，以使其对自己的教学工作有更全面和客观的认识。第三，利用网络平台，引导教师、学生和家长参与教师教学、辅导与管理各方面的评价，并对评价结果进行全面记录，以便收集更加丰富和客观的评价结果。第四，学校及时汇集教师在教学、辅导与管理各方面的成果，为教师及时进行横向他人比较与纵向自我比较提供校本支持。

（三）对教师评价的评价

学校开展教师评价的程序与方法并不是一成不变的，需要根据评价的目标与学校的实际情况不断总结与改进，这是有效实施 T 型模型评价的重要保障。对教师评价的评价即元评价，是指对整个教师评价工作的质量进行评定[①]。首先，要及时进行总结性元评价，即在一学期或一学年的教师评价结束后，对教师评价的方法和技术、过程的

---

① 严玉萍. 中美教师评价的比较研究. 华东师范大学博士学位论文，2008.

实施、评价结果以及功能等进行全面的分析和评估，主要目的是为下一轮的教师评价的开展提供意见或建议，属于经验总结性的评价。其次，要进行形成性元评价，即在教师评价的过程中，对教师评价的内容、方法、人员做出总结与反馈，及时发现问题并能及时修改评价方案①。无论是总结性元评价还是形成性元评价，都以改进学校教师评价的程序与方法为主要任务，以达到学校的教师评价目标。而在实施教师评价的过程中，根据需要，对教师评价的近期、中期与长期目标也可以做出适当的调整。

---

① 周志刚. 对再评估的探讨：值得重视和研究的问题. 国际教育评估与质量保证会议交流材料，1996.

后　记

　　缘分吧，我们俩都是如此挚爱着教师这个职业。我的生日就在教师节那天，芦老师是从初二立志做教师直至今天。我们同读的是师范大学，彼此参与最多的研究也是关于教师专业成长的研究。后来，在北师大从教期间，我被评为最受学生欢迎的十大名师之一；而芦老师讲台上的风采让广大中小学教师为之着迷……似乎，教师就是我们的宿命，而我们都将从教作为自己的梦想和志向！

　　一路走来，围绕教师专业发展的研究，始终伴随着我们俩各自的研究生涯。2006年，生活中的我们走到了一起。共同的话语和兴趣，引发了我们更多关于教师的讨论。从教师专业素质的结构，到教师专业素质的培养，再到教师专业素质及其发展的评价，几乎涵盖了教师专业发展的几大重要领域。多年的研究训练和对理论思维的偏爱，针对每个研究话题，我都惯以提出自己独立的思考，而芦老师每每都会以其独到的视角和丰富的实践研究经验给予丰富、佐证或者纠偏。就是在这种合作中，酝酿出了本书的出版。

　　撰写本书之初，是因为身边存在着太多不合理的教育评价现象。教书育人，如此复杂精妙、令人肃然起敬的工作，却在评价之时就那么简单地化作了一张张试卷、一个个分数。很多教师千辛万苦的努力和付出，被这些有着极大片面性甚至是偶然性的分数所宣判。不只如此，教师提职、奖励等切身利益，乃至学校发展、区域教育发展的评判，似乎也被这些试卷和分数决定了。人人都痛恨应试教育及其危害，作为研究者，我们都敏感地意识到应试教育的背后隐藏的是教育评价，尤其是教师评价研究不足的问题。因为缺乏科学有力的教师评价依据、教师评价手段和工具，只好退而求其次，以最简单、最直接的方式——分数来评判教师的优劣。

于是，集合我们各自多年的研究实践和经验，撰写出今天这本关于教师评价的书，未来还期许以更多的教师评价或者学校评价的实例以飨读者。总的来说，本书主要体现出以下几个特点：第一，基于大量的前期研究和自己的独立思考，提出了清晰的理论构想。好的社会研究是有生命力的研究，是经得起时代考验的研究，是对跨地区的同命题研究能提供重要借鉴意义的研究。而这些条件的实现，离不开研究者对研究课题的理论思考、对研究变量的理论架构。所以，在我们看来，好的研究、好的研究者必须要有清晰的理论构想。第二，跳出了抽象的概念，提供了具有可操作性的实证基础。教育研究，因其必须追随时代发展的脚步，则很容易纠结在各种不断推陈出新的概念中，而忽略了每一个概念"落地"的过程。我们努力做到：不但要言之有物，还要言之可行。第三，本书不是一朝一夕的拼凑之作，而是多年研究的结晶。持久地进行同一项研究，源于研究者逐步推进、层层深入的系统思考和整体设计。相信您细细品读后，一定能从中看到各部分起承转合的联系。

在此感谢我们的研究生，特别是孙炳海、张娜、李海燕、张莉、王晓丽、李西营几位博士研究生，感谢他们对手稿的精心整理与实录。最后还要特别感谢我们的恩师林崇德先生。是林先生，将这份教师缘分亲手传递给我们，使我们爱上并且沉迷于其中。感谢生命中每一位给予我们关爱和支持的人，谢谢你们！并以此书献给我们亲爱的家人、我们挚爱的孩子们！

申继亮

2012 年 3 月